JN204807

フランスの悪魔に学んだ3秒仕事術

本谷浩一郎
KOICHIRO MOTOYA

GENTOSHA
幻冬舎

はじめに　最強のビジネスマンは「3秒」（ワンフレーズ）で決める

ビジネス力＝交渉力×スピード

成果を厳しく求められる外資系企業で学んだ公式です。

皆さんが日々ビジネスを進めていく上で、「交渉」の機会はプレゼンや会議、その他あらゆる場面で発生していくのではないでしょうか。そして、往々にして「いますぐ」のタイミングで対応が必要になっているのではないでしょうか。

本書では、そんな場面で使える数々の「フレーズ」、強者の外国人たちの「言葉の技術」を紹介しています。

・いつの間にかひとり歩きし、多くの人を動かす言葉
・特別な響きでヤル気を引き出すズルい言葉
・3秒見てピンとくるスライドに変える技術
・プレゼンの勝負所を逃さないメモ術
・独自性をカンタンに発見できるチャート

・発想のスイッチを強化するフォーマット
・決断を高速化する禁断のトーク術

人が納得したり、共感する決め手となっているのは、3秒程度のフレーズであることがほとんどです。それ以上のボリュームになると、そのときは聞こえていたとしても、記憶として定着させることは難しくなります。

交渉の上達には経験が大事です。しかし、勉強やスポーツと同じく、技術を知っているかどうかで上達の速度が大きく変わります。本書を皆さんのビジネス力アップに少しでも役立てていただければ幸いです。

本谷浩一郎

フランスの悪魔に学んだ3秒仕事術　目次

第1章・3秒交渉術

第2章・3秒プレゼン術

第3章・3秒発想術

第4章・3秒会議術

装丁　小口翔平＋岩永香穂（tobufune）
DTP　美創
編集　片野貴司（幻冬舎）

第1章

3秒交渉術

No.1

フランスの超資産家が放ったお金を生み出す「金言」

カルフールというフランス大手スーパーマーケットチェーンの日本進出プロジェクトに加わっていたときのことです。同社はフランスの超一流企業。株主にはフランス国内の大資産家が名を連ねています。

あるとき、カルフールの会長が、本国の役員や大株主の資産家とともに、日本での出店候補地の視察にやってきました。一人の資産家はフランスで4番目の金持ちだと言われていました。

私は担当マネージャーとして、当時もっとも売り上げが高いと予測された、大阪府箕面《みのお》市の候補地に彼らを案内しました。しかしそこは競合各社にとっても最高評価の立地で、コンペを勝ち抜くのはかなり難しい状況でした。

現地に到着すると、役員、資産家たちは、しきりにいい立地だと話し合っていました。

そのとき、あのフランス4番目の大資産家がフッと、

「オイリー（Oily）な土地だ」

と漏らしたのです。

その後、役員たちは口々に「オイリー！」と連発し出したのです。

その場にいた日本人は全員、何のことだかサッパリわかりませんでした。

いったい「オイリー」とは何なんだと通訳に聞いたところ、「ここは掘れば石油が湧いて出るぐらい、儲かりそうな土地だ」と言って騒いでいたらしいのです。「物件を勝ち獲るのは厳しい状況なのに暢気《のんき》なことだ」とそのときは思いました。

しかし、じつはこの「オイリー」という言葉には、それ以上の深い意味がありました。

役員や資産家たちが帰ってから、「オイリー」という言葉が、社内で流行《はや》りました。

視察に同行したパートナーたちまでが「オイリー！」と言っていました。

私はそれを見て、ひょっとしたら、あの資産家は狙いを持って、「オイリー」という言葉を使ったのではないか、と思いました。

資産家にとって、儲かる土地が手に入ることは、利益につながります。自分の発言が、本国役員や日本の経営陣に、大きな影響を及ぼすこともよく知っています。

「オイリー」のひと言は、多くの人間を一つの方向（GO！）に向けて動かしました。

資産家が帰ってから、社内に「あのオイリーな土地を手に入れよう」感が広がり、最大限のサポートを受けることになりました。パートナーたちも、「絶対にプロジェクトを実現するんだ」という気持ちでまとまりました。

結果、私たちは数々の難しい条件をクリアして、最高の立地を手に入れてしまったのです。

「オイリー」は、文字通り、金を生む「金言」だったのです。

▽外資で出会った〝金言〟

さらに外資ビジネスのなかで耳にした印象的な言葉を2つ紹介します。

[Rain Man]

有名な映画の題名とは別の意味です。雨を降らせる人、会社が苦しいときにビッグビジネスを取ってくる人のことを、あるファンド会社のトップはそう呼んでいました。

同じ意味で英語には Rainmaker という表現があります。

しかし彼はあえて日本人にわかりやすく「あいつはウチのレインマンだ」という言い方をしていました。伝わりやすいと同時に、言われている人間の価値が外部には高く映ります。

そして、レインマンのもとには、より多くの良い情報が集まることになります。

[自分にバイアスをかける]

東証一部上場のファンド会社社長（日本人）の言葉です。

日本のトップ証券会社の米法人社長から本体の専務まで務め、その後ファンド業界に入った、異色の経歴の持ち主です。

バイアスとは「偏りのない信号を、偏った信号にするために加える電圧」のことを言います。自分自身や会社に転機がきていると感じられたら、自らにバイアス（圧）をかける必要があるということでした。会社で言うと、上場やM&A、個人で言うとキャリアを変革するような転職といったところだと思います。

難しいプロジェクトや先が確実ではないチャレンジであっても、時がきたと感じたら打って出なければならないということです。

いずれもわかりやすく記憶に残りやすい表現です。

交渉やプレゼン、いろいろなコミュニケーションの場面で参考にしたい言葉の技術です。

人から人へ
伝わるからこそ
「金言」

真の「金言」はひとり歩きし、多くの人に影響を与える

偉人は「金言」を操れたからこそ、大きなことを成し遂げられた

自分の言葉を見直そう。伝わりやすさを追求する価値はある

No.2

フランス人流「常識」のつくり方

日本のマーケットを切り開きにくる外国人と仕事をしていると、彼らの多彩な交渉術に感心します。皆、日本人の文化に敬意を払い、尊重しようとする気持ちは持っていました。

しかし、**「新しいスタンダード」にすると決めたものに関しては、日本の常識がどうであろうと、決して曲げない強さを持っていました。**

簡単に周りに染まらないその姿勢は、結果的に彼らの存在を際立たせ、常識がひっくり返ったときに、多くの味方を引き寄せることになりました。

むしろ、非常識な提案で目立つことを狙っていたと思えるほどです。

開発案件で、行政の所有する土地を購入するために契約交渉をしていたときのことです。「購入代金を支払った後に土地が引き渡され、その後工事を始める」というごく普通の条件が行政側から提示されました。

私も、妥当な提案だと思いました。

ところが、上司のフランス人は、代金のほとんどを工事前どころか「店舗が開店して1週間経過後に支払う」という常識外の条件を提示したのです。

これには、相手担当者だけでなく私もびっくりしました。これではまとまらない、と説明しましたが、まったく譲りません。相手が行政だけに柔軟な対応を望むべくもなく、話し合いは合意には至りませんでした。

しかしその後のフランス人の日本人説得活動と、その集中力は見事なものでした。最初の交渉ターゲットは「私」です。私をクリアすると、その後は私とのチームで行政担当者を、そして上席の役職者へと説得の範囲を広げ、契約交渉をまとめてしまいました。「開店するには許可がいる。許可を出す行政が土地の売主なのだから、開店できるまでは代金を猶予するのがフェアな取引だ」というのが彼の主張でした。

正論ではありますが、そんなことを表立って行政に言う人はいませんでした。

交渉がまとまり、行政の担当者が、「あなたは最高の交渉者だ」と言ったのに対し、フランス人は、**「私たちはチームだ。これからもベストのプロジェクトを目指して一緒に頑張りましょう」**と返しました。

担当者にしてみれば「交渉に負けた」という気持ちは一切なくなったと思います。同じチームとしてプロジェクトの成功を目指すという「新しい常識」が担当者のなかで生まれたはずです。

その後、開店に至るまで、私たちは言葉どおりチームとして行動し、数々の難題をクリアしてプロジェクトをやり遂げました。

その行政とは、その後もう一つプロジェクトを共にすることができました。

「交渉を交渉だけで終わらせず、信頼関係をつくるチャンスにする」というのは、そのフランス人の信条であり、彼もかつて上司からそれを教わったそうです。

いまでも難しい交渉にあたるとき、思い出す場面の一つです。

▽朱に交われば「藍」は映える

たくさんの人が「そうだ」と思っていること。でもよく考えてみると「そうではなかった」ということがあります。

日本の常識にとらわれない外国人の視点からは、多くのことに気づかされます。

ものごとの「常識vs非常識」と同じように、人の「普通vs変わっている」の判断にも「そうではなかった」があります。

時代や流行り、属している集団によって「普通」の基準は変わります。

私自身、7回の転職をしているせいか、キャリアや就活の相談を受けることがあります。

「なかなか評価してもらえない」と悩む人のなかに「スゴイ独自性」が見えることがよくあります。

「朱に交われば『藍』は映える」

そういう見方で自分のことを振り返ってみることを勧めています。

「藍」の視点が求められている場所は、探してみれば意外に多かったりするものです。

常識vs非常識は ハイレベルな 視点から収めろ

- 「対立」ではなく、同じ「チーム」としての視点で答えを見つける

- いったん答え（共通の目標）を定めたら、死んでもブレないこと

- 「常識」は科学的な答えではない。人が決め、人が変えるもの

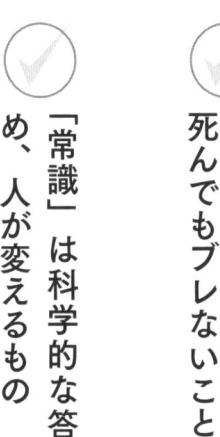

No.3

3人の悪魔から食らった「交渉の最終兵器」

私はかつて3社の外資系企業で、それぞれフランス人、アメリカ人、スコットランド人のトップの下で仕事をしました。交渉の席で奇《く》しくも3人ともが囁《ささや》いた言葉があります。

「あいつは悪魔《デビル》だ」

これは悪口ではなく、「悪魔のような強者の交渉者」という、敬意の込められたジョークです。「してやられた感」があったわけです。

3つの典型的な「悪魔の交渉」をご紹介します。

1大手デベロッパーとの交渉の席でのことです。

相手側は専務も同席していました。話し合いはとても紳士的で和やかなもので、こちらが提示した条件変更にも、好意的な反応でした。「全力で検討します」。専務の言葉に、気むずかし屋のフランス人も好印象を受けた様子です。

「あの専務は素晴らしい！」と、それまで一度たりとも見せたことのない褒めぶりでした。

しかし、次のミーティングでの専務からの回答はまったく期待を裏切るものでした。

「会社をあげて検討しました。これがベストな数字です」。前回と同じ条件でした。

紳士的かつ好意的な態度でしたが、条件を曲げる気配はみじんも感じられません。

フランス人たちも、専務のこの淡々とした対応には気圧《けお》された感じでした。

条件をまとめ、ミーティングが終わったとき、上司のフランス人は私にそっと「彼は紳士的な悪魔だ」と言ったのでした。

②大型商業施設の出店で、地元との交渉が難航していました。回答の期限が迫ってくるなか、パートナーとの関係も難しい状況になり、皆にあきらめムードが漂っていました。

私は、住民代表の自治会長のところに、最後の話し合いに行きました。これ以上計画を延ばすことはできず、まとまらなければ中止という局面です。

自治会長は説明を聞いて、

「わかった。もう時間もないし、しゃーないやろ。この案で三方一両損や」

と言って、各関係者に合意案を示したのです。

住民サイドだけが損をしない案でした。あきれ返りましたが、周りのみんなが時間を盾に取られ、折れた格好です。絶妙なタイミングでした。

「時間を握る悪魔」には要注意です。

③「民意を操る悪魔」——この悪魔がおそらく最強です。

自分の意見を心の底から信じていて、決して曲げようとしない人です。それが本当は間違っていたとしてもです。論理で折れることのないその主張は、ほとんど信仰の世界です。

そして、信者を増やしていきます。楽観的な未来にしろ、悲観的な先行きにしろ、イメージと感情の波で人を巻き込んでいきます。

完璧に論破できればいいのですが、世の中、起こってみないと何とも言えないということもあります。信念の強さには敬意を表しますが、プロジェクトマネージャーとしては放っておけません。

▽3つの悪魔対策

手強《てごわ》い相手、苦しい状況でもなんとか活路を見出しましょう。

【紳士的な悪魔】

この技を使う悪魔は十分な品格を備えています。

ニセ者が相手なら簡単なのですが、「本物」の場合、「格」に押されて手も足も出なくなりがちです。周りから切り崩しましょう。チームトップである紳士の裏に汗をかいているメンバーがいます。そこが弱点です。結論を出さずに、あえて課題を現場レベルの議論に戻す方法が有効です。非効率的な手段ですが、譲れないケースでは検討に値します。

【時間を握る悪魔】

時間切れになったらアウトです。

交渉の早い時期から、引き延ばしや空約束に振り回されないように注意します。必要がなくてもステップごとに期限を設定します。当事者だけでなく関係者も巻き込んで、期限を「既成事実化」していくことで相手の力を奪います。

［民意を操る悪魔］

炎上を恐れないことです。

言われっぱなしにならないこと。100％確実ではなくても、なさそうなことは「ほとんどない」と言い切りましょう。「万が一～したらどうする！」と言われたら、「全力で対処する」と返します。仮の話に具体的に答える必要はありません。懐柔は通用しません。姿勢を明確にします。毅然とした態度を崩さないのがベストです。

▽4番目の悪魔

「紳士的な悪魔」との交渉には後日談があります。

こちらが相手の条件を甘んじて飲んだ、と思ったその案件、実は上層部から「絶対に取れ」と命令が下されていたのです。

フランス人は、この土地を勝ち獲ることが市場での自社価値を引き上げ、事業拡大に貢献することを経験的に知っていました。

現にその後、もう一つの好立地を、この案件の効果により有利な条件で獲得しました。

紳士からの条件がもっと厳しいものだったとしても答えは「YES」、広告費用としては安いものだ、という判断だったのです。

収支モデルを立て交渉の場にいた私も、そこまでの計算があったとはわかりませんでした。世界26カ国に展開しさまざまな環境で外国人とのビジネスを成功させてきた、まさに**「フランスの悪魔」**の交渉術だったのです。

相手が悪魔だったら こっちも悪魔になれ

- ビジネス交渉は甘くない。相手は情け容赦なく勝ちにくる
- Ｗｉｎ－Ｗｉｎ（共に勝つ）には「発明」がいる
- 「礼儀正しさ」「時間」「民意」。悪魔の使う技を交渉に取り入れてみよう

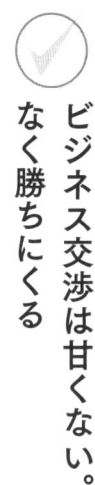

No.4

トップに立ちたければ「好き嫌い」を優先しろ

優先順位という言葉があります。重要度、緊急度に応じて仕事を順位づけするという、きわめて常識的な考え方です。

しかし、私が長く働いていた外資系企業では、優先順位を重視した人よりも、「好き嫌い」や「得意」を徹底した人のほうが、高い成果を上げる結果になっていました。

「好き」な仕事や「得意」な仕事に集中すれば、仕事の効率（パフォーマンス）は間違いなく上がります。仕事に対する飽きや疲れも出にくいし、「モチベーション」は勝手に上がります。「好き嫌い」優先の人たちは、初めは周りの人からの評判も良くありません。しかし、徹底した集中で高い成果を上げるようになると、あっという間に評価は裏返ります。

「苦手な仕事でも頑張れば好きと思えるようになる」「嫌いでも辛抱していれば役に立つときがくる」などというノンビリとした考えには、まったく同意できません。

「好きな分野」「得意でやりたいこと」に集中して、さっさと成果を上げたほうが、周りからも認められ、新しい仕事のチャンスがまた「好きな分野」で回ってくるからです。

好きな分野で十分な成果を上げた後に、本当に必要であれば、自分の選択として苦手な分野にチャレンジすれば効率的です。

ところで、好きではない仕事はどうするのか。

他の人にやってもらいましょう。

一見すると自分本位な考え方ですが、**自分、という会社のリソース（資源）はもっとも効率よく利用できているわけです。** なおかつ、自分が得意でない分野、好きでない分野を得意にしている人が引き受けてくれるなら、会社全体として何の問題もありません。

大事なのは、自分から好きな仕事に特化し、それを皆に示すことによって、**他の人との効率的な仕事の棲み分けを実現する**ことです。全員の効率が上がれば、「好き嫌い順位」の低い仕事は外注することも可能になります。

まず、自分が一番やりたい仕事からやって、さっさとパフォーマンスを上げましょう。

「そんなことをしたらクビになってしまう！」

それは、いまお話ししたことを1日とか1週間でやろうとするからです。

1年かけてだったらどうでしょうか？　できませんか？

好きな仕事、得意な仕事が周りになかったら探しましょう。自ら仕事を取ってこられるならベストです。そういう業務ではなかったとしたら、時間をかけてでも潜在的なニーズを見つけましょう。得意な仕事が発生するようなものをです。

目の前の仕事だけにとらわれている限り、「好きを仕事に」などできません。得意分野を示せないまま埋没していくでしょう。

仕事をつくり出せ！　と言われたら、100%自分のためにつくり出しましょう。

私が付き合ってきた外資のトップは皆、好きな仕事のための時間を拡大していく達人でした。じっくり時間をかけ、自分が、好きで得意なことしかやらないような環境をつくっていきます。**だから彼らはハードワークが続けられるのです。**

これは意識してやらないと絶対にできません。

仕事でも遊びでも「時間も忘れてやり続けた」という経験はないでしょうか。それは、おそらく、好きなこと、得意なことであったはずです。そういうことを続けていける環境をつくれば、パフォーマンスはあっという間についてきます。

会社としての優先順位は確かに大事です。しかし、自分の優先順位である「好き嫌い」は、キャリアを築いていく上でより重要です。

社内であっても社外であっても、実力のある人ほど自分のキャリアを立てることには敏感です。ボヤボヤしていると、「よろしく！」と仕事を振られて、貴重な時間をムダに消費してしまいます。キャリアを磨こうとする者同士が、厳しく仕事を取捨選択し、全体の効率を最大限に高めていく、そういう組織こそが最強です。

自分がなにを目標にどのパートに集中して時間を使うかを明確に示せば、足りない部分をカバーする動きが出てくるものです。あなたの選択に従って周りが動き出すのです。もっとも重要なのは単位時間当たりのパフォーマンス（売上・収益・効率など価値を生み出すもの）です。
パフォーマンスを最大限出せる仕事に集中しましょう。

▽仕事の集中と選択について

［Q］やりたい仕事以外のことを頼まれがちですが、どうしたらいいでしょう？

［A］大事な人からの依頼であれば、その人とのパイプを太くする仕事と考え、最速で最高のものに仕上げましょう。そうでない場合は、仕事を別の視点から捉えます。

私は、新入社員として入った会社で、半年間営業所の庶務をやったことがあります。営業にはやる気持ちを抑え、目の前の仕事を「人脈づくり」という視点で捉えて、ベテランの女性社員たちに効率化のノウハウを訊きまくりました。

一方で、経費精算のような手間仕事は、システム化して各人が自分でやるように振ってしまいました。結果、社内ネットワークの構築とともに、効率的庶務業務の開発もでき、営業所長となったときに大いに役立ちました。

仕事を、人脈、開発という、好きなエリアにシフトしたわけです。仕事への時間の割り振り方は、あなたにイニシアチブがあります。チャンスとして捉えましょう。

［Q］仕事に追われて、残業も多い、ギリギリです。選択の余地などありません

［A］その状況は誰がつくっているのでしょうか。

それは「あなた」です。真の「ギリギリ」を知っているのは自分だけです。詰め込むものを変えましょう。強制的に一日2時間、自分のキャリアのための時間を取ってください。そして、あなたを差別化する活動に力を注いでください。

変わったところで言うと、**「個人の資産運用」というのも立派な差別化です。**

ファンド会社にいたときの部下に、腹のすわった人物がいました。仕事は必ずしもパーフェクトというわけではないのですが、突発的な事態が起こったときでも動じることがありません。お互いが会社を離れてから聞いたのですが、彼はムリな残業、休日出勤は極力抑え、資産運用の時間を確保していたそうです。資産も一定額を超えていて、会社に頼らなくてもなんとかなるということでした。そういう背景もあったので、少々のことでは揺るがなかったのです。経済的な安定も、個人の強い能力の一部であるという良い例です。

極端な話かもしれません。しかし、上司である私にとっては、彼にどういう役目を担ってもらうかが重要な点でした。彼の動じない姿勢は業務のあるパートで大きな役割を果たし、苦しい時期に収益にも貢献しました。

会社のニーズを満たしていたのです。

日本の企業でも、会社と社員の付き合い方は多種多様になってきています。自分の「好きな」「得意な」「ペースに合った」仕事を主張できる立ち位置の確保に力を注ぐことが重要です。

[Q] 問題のある部下がいて困っています

[A] 原因が100%部下にあって、その部下を採用したのがあなたでないならそれは会社全体の問題です。過度に気にするのはやめましょう。そのことに割く時間を1%以下にして、本来やらなければいけない業務に集中してください。時間が経《た》てば、何らかの変化が起こってくることもあります。そのときに再度考えましょう。

会社は学校ではありません。皆、仕事でのパフォーマンスを上げにきているわけで、その枠外に行ってしまっている人を教育するヒマは誰にもありません。割り切って考えることです。

外資のトップはかなり率直で、「あいつを引き取ってくれないか?」と自分が採用で失敗した人のことを相談してきます。ギブ&テイクで引き取るときもあれば、「NO」と言って、その人が別の部署に行くか、クビになることもあります。能力のあるなしだけでなく、その人が置かれている環境によって、仕事にならない時期というものもあります。**「乗る船を替えてもらう」こともお互いにとって適切な選択肢の一つです。**

[Q] 上司のことが尊敬できず、素直に指示に従う気になれません

[A] よく聞く質問ですが、大きな勘違いがあります。

尊敬のベースには「人格」がありますが、そもそも上司に完璧な人格を求めることは間違いです。会社には仕事をしにきているのであり、人格を売ることが趣旨ではありません。**いい仕事をして、それを通じて人格を磨くのは個人の問題です。**

上司とは単純に仕事に焦点を当てて会話しましょう。納得いかないこと、改善したいことがあれば、具体的に、率直に仕事の仲間として話し合えばOKです。「人格」は人によって解釈が違います。よく見えていないままに話されがちです。少なくとも周りの無責任な先入観、評価に惑わされないようにしましょう。

【Q】本当にみんなが「好きな仕事」だけをできるようになるでしょうか?

【A】なりません。というより、そうなる必要がありません。みんながみんな、「好きな仕事」を追い求めているわけではないからです。仕事は単に自分の時間とお金を交換しているだけ、という考えの人も少なくありません。好きな仕事もしたいけど、いまはもっと大事なことのために、この仕事をやる、という人もいます。他人のことを考えているヒマがあったら、自分がやりたいことに向かっていきましょう。思っている以上に、人の好みはさまざまで、自分が嫌いな仕事を、やりがいを持ってやれる人がいるものです。

反対に、あなたが得意で喜んでやりたい仕事を、ご免こうむりたいと思う人も多いので、思い込みには注意が必要です。

「好き」を優先すれば会社が効率化する

- 「嫌い」でモチベーションが上がらないのは、資源の非効率運用という悪事
- 中途半端ではダメ！　徹底して粘り強くやれば1年で効果は出る
- 評価はその場限り、「仕事」はずっと続く。視線を30度上げよう

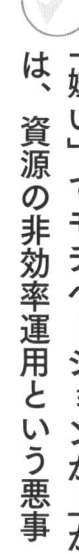

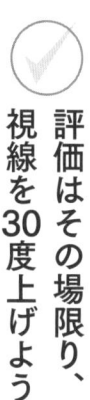

No.5

「失敗を恐れるな」よりも100倍重要な言葉

よく「失敗を恐れるな」という言葉を聞きますが、これはまったく意味のない言葉です。理由は次のとおりです。

1.「失敗」という言葉が、意図した意味で伝わらない

どんどん挑戦していけ、ということなのでしょうが、「失敗」という言葉は、ネガティブワードとして定着しています。「やってしまった」とか「どうしよう」的な、ミスや失態を悔やんでいる響きしか伝わってきません。ヤル気を上げていくには遠回りです。

2.恐れずに失敗してもらっても困る

失敗はなくしていかなければならないものです。「恐れるな」は逆説的とはいえ、ムリがあります。「頑張りましたが、失敗しました!」と明るく言われては、マネージャーとしてたまったものではありません。失敗に「お墨付き」を与えてはいけません。

3.半人前にかける言葉を使っていたら、半人前の意識になる

社長が取締役にかける言葉ではありません。一人前＝ビジネスマンとして信頼している相手、にかける言葉ではないということです。士気を高めるために使われてきた言葉ですが、もはや手垢《てあか》のついた表現です。卒業しましょう。

では、何と表現すればよいのか。100倍重要な言葉があります。

「試行錯誤（Trial and error）を徹底しろ」です。

「失敗は成功の母」の失敗は、試行錯誤のことです。不注意によるミスや、思慮の浅い失態のことではありません。よく検討し、貴重な時間を使って取り組む「試行」を積み重ね、全力を尽くせば、いつか成功へのルートにつながるということです。言葉としては面白くもなんともないですが、指示としては正確かつ重要な意味を含んでいます。

リーダーとして、「試行錯誤」をどうやればよいかを丁寧に指導することが必要です。

・絞った範囲での試行で、一試行当たりの時間とコストを節約する
・複数の試行を併走させて、限られた時間で多くのデータを集める
・他のプロジェクトでうまくいった試行法を取り入れてみる

など、経験者の立場から、アドバイスできる試行改善のパターンを示しましょう。

かつてファンド会社で運用していたマンションに、空室の多いものがありました。賃貸マーケットのピークを過ぎた3月半ばの時点で、70％の稼働（埋まっている）という厳しい状況でした。投資家からの依頼で、担当マネージャーと私は、3カ月で85％まで稼働を向上するプロジェクトに取り組みました。時期的には、かなり難易度の高い目標です。
短期集中の勝負でしたので、複数試行を併走させる方法を取りました。

・賃貸条件の見直し（期間を限定した賃料の見直し）
・賃貸業者の編成（最有力業者とのパートナー契約、有力業者の選定と取り込み）
・セールス方法の見直し（重点エリアに絞った短期集中戦略）

以上、3つの試行について、パートナーの賃貸業者とともに1週間ピッチで修正、改善を重ねていきました。結果、試行開始から8週間後の5月半ばには、目標を上回る95％の稼働（ほぼ満室）まで持っていくことができました。

このケースでは、結果は「勝ち」と出ましたが、どんなプロジェクトでも必ず勝てるわけではありません。「時の運」や「確率論」で決まってしまう勝負に臨むときもあります。負けることも当然あるわけです。しかし、「的確な試行を繰り返す」「全力を出し尽くす」をやれているのであれば、あとは結果でしかありません。「負け」を悔やんでいる場合ではなく、経験を活かして、次のプロジェクトへと進むのみです。

試行錯誤は次のようなプロセスで進めます。

【情報収集】試行の対象、マーケットなど、周りの環境について把握します。

【成功例のコピー】典型的なパターンから、共通の要因を拾い出し、具体的な施策を検討します。

【パートナー開拓】ベストな相手と、ベストのチーム（担当）を確保します。

【エリア限定】十分な反応が取れるレベルまで絞り込みます。週ピッチでデータ検証します。

【短期集中】ステップ分けで、検証から修正へのスピードと質を上げます。

【複数併走】試行を複数走らせることで、打ち手の数を増やします。難しい課題、未知のプロジェクトには有効です。

▽大量試行のパワー

不動産鑑定士の資格を取ったころに、二人の女性の資格者と出会いました。一人は大阪で司法書士事務所を、もう一人は京都で不動産鑑定事務所を経営されている方です。

初めてお会いしたときは、失礼ながら「危なっかしいなぁ」という印象を受けました。

私は、そのときすでに10年近く、不動産業界の経験がありました。二人は、他業界から入ってきておられ、知識や経験もまだまだこれからといったところだったのです。

当時いろいろな会合でお会いしているうちに、一つの共通点を発見しました。二人とも、すごいバイタリティでたくさんの人と話す機会を持ち、猛烈なスピードで関わりを増やしていたのです。まさに尊敬に値するハングリーさでした。

その後のお二人の活躍は素晴らしく、司法書士の方は、いまや全国10カ所に拠点を持つ司法書士法人グループのトップ、不動産鑑定士の方は、京都の業界の重鎮として多方面で活躍されています。

試行錯誤の事前作業に、情報収集とパートナー開拓があります。二人の女性は初期の段階でこのパートを大量にこなしていました。経験のある人間は、つい業界事情や話題の戦略といったところに目が行きがちですが、じつはさっさと行動して大量の試行錯誤をこなした人のほうが、高速で目標に近づいていけるのです。

効率的な試行錯誤法

(例)マンションの稼働率アッププロジェクト

試行前作業	情報収集	・賃料や敷金など、近隣の賃貸条件 ・物件に対する評判など、改善の要素
	成功例のコピー	・短期で稼働の上がった事例の研究
	パートナー開拓	・エリアで一番力のある業者の発見 ・社長との面談、特別チームの編成
試行内容	エリア限定	・広告効果が見込める地域を絞り込む
	短期集中	・全体(3カ月)を12ステップに分割 ・ステップ(1週)ごとに施策を検証、修正
	複数併走	・賃料、エリア、営業の改善を同時進行

いまでもたくさんの若い資格者の方にお会いしますが、「この人の動き方ならきっと成功する」という手ごたえを感じるときがあります。

皆さんも「試行錯誤」のやり方を見直す機会を持ってみてはいかがでしょうか。

Trial and errorに真剣に取り組もう

試行錯誤は決して行き当たりばったりでやるものではない

計画のなかに、「検証」と「ノウハウ蓄積」の仕組みを組み込もう

第一のルールは「さっさと動くこと」。明日の試行錯誤を予習しよう

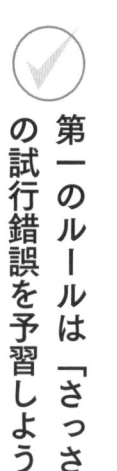

No.6

「あいづちを打て」TOEIC490点からの外資面接突破法

人の動機のかなりの部分は**「背景」**と**3つの「シコウ」**から見通すことができます。

[背景] いま置かれている状況、周りの環境
[思考] ものごとに対処する考え方
[志向] 意識が向きがちな価値観
[嗜好] ものの好き嫌い

この4つを上手に刺激して、納得感を持たせることができれば、「動機」をコントロールして、速やかに結果にたどり着くことができます。

私が自分自身に試してみて、うまくいった例をご紹介します。

【TOEIC490点からの外資面接突破】

私にとって初めての外資系企業、カルフールへの転職のときです。

ヘッドハンティングの会社から紹介を受けて、のちに上司となるフランス人との面接に臨みました。当時の私の英語力はTOEIC490点で、面接でもうまく話すことができるレベルではありませんでした。面接終了時のフランス人の渋い表情からは、とても通ったと思える雰囲気は感じられませんでした。

それから1カ月の間、連絡はなにもありませんでした。

私は、状況を自分なりに次のように考えてみました。

・連絡がないということは、まだ落ちたわけではない。前回の面接で、自分には決まらなかったが、他に傑出した候補者もいないということ
・候補者への条件は「英語力」「不動産の知識」「商業開発の経験」だったが、3つどころか2つを満たす人さえ(当時の関西エリアには)そんなにはいない
・自分は「不動産」しかクリアしていないが、「商業開発」はパートナーを見つければいい、あとは「英語力」が向上する手ごたえを示せばなんとかなる

そこで、ヘッドハンターに「もう一度面接をしたい」と連絡を入れました。

返事は「2週間後」ということでした。

私は、この面接にかける予算を「10万円」と設定し、すぐに最寄りのNOVAを訪ねました。テキストなし、講師は専属マンツーマンで、目的はカルフールの面接に受かることのみ、と伝え、10万円でできるスケジュールを組んで欲しいと頼みました。

1時間1万円×10コマの特設コースを主任講師が引き受けてくれることになりました。カルフールを知っているイギリス人講師でした。

彼の**「日本人の英語初心者に必要なのは『あいづちを打つ』ことだ」**という変わったアドバイスに従い、「Really.」（そうなんですね）、「That's true.」（そのとおりです）、「I understand.」（了解しました）、「Uh-huh」（ア〜ハン↑あいづち）などを、ひたすら繰り返しました。

10万円かけてです。

2度目の面接で、前回より短いディスカッションの後、フランス人は私の英語を「Improve!!」（向上した！）と言って、その場ですぐ契約書のサインになりました。

一緒に働くようになってから聞いたのですが、面接を自らリクエストしてきたのは私だけで、その段階でほぼ決めようと思っていたそうです。しかし、英語力がここまでアップしているとは思わなかったとのことで、英語講師の戦略は大正解だったわけです。

通るかどうかわからない面接をリクエストし、予算をかけ、必死に練習して臨めたのはなぜか。それは、**自らの動機を最大限高めることができたから**です。

背景：候補者は限られていて、自分にもまだチャンスがある

思考：英語力向上を何らかのカタチで示すことが鍵になる
志向：絞った学習方法を最大限「効率的」「効果的」に実行する
嗜好：どうしても英語を使った仕事、商業開発の仕事がしたい

4つの理解と気持ちを強く持ち続けた「2週間」が最終的な結果を生んだのです。

【不動産鑑定士試験の突破】

私は不動産鑑定士の試験に通ってすぐ、阪神・淡路大震災後の神戸で復興事業（建て替え事業）に参画しました。資格によって「不動産開発」への道が開かれたのです。

私の最初のキャリアは「近鉄不動産」という関西の電鉄系デベロッパーでした。近鉄不動産には、選抜した若手社員に「3カ月間の缶詰」勉強で不動産鑑定士の資格を取得させるという、素晴らしいシステムがありました。何人もの先輩、同期が合格するなか、私は不合格になってしまいました。給料をもらいながら勉強したのにもかかわらずです。その後、何度か受験しましたが、働きながらの勉強に身が入らず、合格には程遠い状態でした。その後、実家の不動産会社に移り、分譲や賃貸管理の仕事をしていたのですが、ある年、もう一度最後に鑑定士を受けてみようと思い、TACという専門学校に通うようになりました。

背景：働きながらなので、時間は限られている。1年で決着をつける必要がある
思考：模試の結果は気にしない。最低限の学習量で各科目の合格到達点を目指す
志向：採点基準からの逆算で「結果を出す」学習を徹底する
嗜好：ムダを排除する。一年の前半は効率的に繰り返せる「ツール」づくりに充てる

3つのシコウを練るのには、それまでの仕事での経験が活きました。

リソース（資源）のないなかでは、同じ結果をいかに最低限の時間、労力で導くかで、最終的にゴールできる確率が変わってきます。あるパートでムダに好成績を出しても、それは他のパートへの時間を削ったことになります。試験の科目間でも同じことです。

採点につながらない学習は「悪」とみなしました。50行の試験用紙で50点満点の論文試験があったのですが、「2行で2点」を確実に獲得する答案構成を目指しました。より良い表現があっても学習からは切り捨てる作業です。得点至上主義でした。

模擬試験の結果には一喜一憂しがちですが、一年の前半は捨て、得意なツールづくりに賭けました。後半も得点上昇ペースは緩やかでしたが、ツール効果が加速度的に表れ、最終模試は全国17位と、合格に間違いないレベルに到達しました。

「背景＋3つのシコウ」は、仕事を効率化し、高い効果を発揮するための「動機づけの視点」です。自分の納得感を高め、目標への強い動機づけを得るのに使えます。

また、人の背景やシコウを読み取ることで、その人のモチベーションを測ったり、行動の向く方向（ときにはミスやリスクを招く方向）を予想することもできます。

皆さんも目標について、自分の「背景、3つのシコウ」を振り返ってみてはいかがでしょうか。

戦略よりも「動機」が結果を大きく左右する

- 「動機」の変動幅は「リソース」や「戦略」よりも大きい
- 「動機」をどうコントロールするかで、戦略の実効性は変わってくる
- 超成功者のような強烈な「動機」がないならつくり出せ！

No.7

絶対音感的コトバで人を操るズルい外国人

音楽に「絶対音感」「相対音感」というコトバがあります。

絶対音感を持っている人は一つの音を聴いたとき、その音が「ドレミ」の何の音かがわかります。相対音感の持ち主は一つの音を聴いただけでは判断できませんが、あるわかっている音の高さ（例えば「ミ」）から、他の音の高さを頭の中で計算する（「ラ」と判断する）ことができます。相対音感が「音を理解する」能力であるとすれば、絶対音感は「音を直感する」能力であると言えます。

コトバを受け取るときに似たような感覚を持つことはないでしょうか。

一つのコトバが、ある人には相対的（理解）に、別の人には絶対的（直感）に響くことがあります。これは**コトバを適切に選ぶことで、相手の直感に響かせることができる**ということです。

そこを巧みに突いてくる交渉者がいます。ズルい上司です。

とくに外国人はこの技術に長《た》けています。彼らは相手の「価値観」を見極め、「絶対音感的なコトバ」で上手に攻めて（褒めて）きます。

ファンド会社にいたときの話です。

あるクライアントから、かなり難度の高いプロジェクトを任され、トップのアメリカ人と私、そしてメイン担当である部下のマネージャーとでクライアントを訪れました。

業界でも珍しいタイプの案件で、心配するクライアントに対して、

「彼はうちのベストマネージャーだから、まったく心配しなくていい」

アメリカ人トップはそう言ってのけました。そのマネージャーは優秀でしたが、自分のやり方にこだわるところがあり、私は正直「うまくいくだろうか」と心配していました。そのことはトップのアメリカ人もよくわかっているはずです。

クライアントはトップにとって特別な取引先で、案件は必ず成功させる必要がありました。

「大丈夫なのか?」と彼に訊くと、「よくわからない」などと言っています。

しかし、結果的に彼の「ベスト」という言葉に触発されたそのマネージャーは、素晴らしい働きを見せ、クライアントの期待に完璧に応えました。

後あとわかったことですが、トップはマネージャーの「価値観」をじつによく摑《つか》んでいました。マネージャーは一つひとつの業務に凝るところがあり、自身のオリジナリティに価値を感じていました。しかし、一般的なやり方ではないので、周りからは「共有しづらい」と不評で、宙に浮いたような存在になっていたのでした。

重要なクライアントの前でのトップ直々の「ベスト」という言葉は、彼にとっては他の人が感じる以上の音感で響いたに違いありません。

その後、注意して見ていると、そのトップは同じ手で多くの人の心を摑んでいました（私も

摑まれた一人です)。

「絶対音感的なコトバ」はズルい手法ですが、超効果的なのです。

▽絶対音感的コトバのレシピ

ズルい外国人ほどの切れ味を持たせるのは大変ですが、ここで紹介するレシピを使えば、人のヤル気を引き出すコトバを発見しやすくなります。数多くのズルい事例からいただいたものですので、よかったら試してみてください。

1．その人の「価値観」や「強み」が表れている「行動」に注目する

いき過ぎていたり、極端過ぎて周りから浮いてしまっているといったところに「価値観」「強み」が隠れているケースが多いです。何かに集中すると人の話が聞こえなくなる人や、仕事はできるが愛想が悪い人なら、「聞こえなくなる」「愛想が悪い」に価値観が潜んでいます。

2．その「行動」がどういうモチベーション（意識）からきているのかを観察する

本人に直接訊いてしまうのもアリです。

「どうして〜にそこまで頑張れるの?」

「それすごいな!　どういった視点からそんな〜がつくれるの?」

「そういう考え方にたどり着くのに、なにかキッカケってあったの?」

など、突きぬけている点に敬意を示しながら、「ぜひ教えて欲しい」という気持ちを素直に出せば、けっこう答えてくれるはずです。

3. 読み取れたモチベーションを表すようなコトバを探す

一つのことをとことん突き詰めていくタイプの人なら「求道者」、厳しい状況でも負けずに闘うタイプなら「ウォリアー（Warrior 戦士）」など、インパクトのある言葉を使ってみて、相手の表情をうかがいます。悪くない反応だったり、面白がってくれるようなら成功です。

▽絶対音感的コトバの例

【Not Soldier, But Warrior】兵士ではなく、戦士

上司のフランス人との合作です。当時、取引先とのミーティングでは、厳しいやり取りが行われることがよくありました。そんなとき、フランス人が言った辛辣《しんらつ》な表現をどこまで直接的に訳すのかは、通訳をする者の悩ましい課題です。上司のアシスタントの女性は、見事に期待通りの役割を果たせる人でした。

強烈な物言いで言葉どおりのニュアンスを相手にぶつけていました。ときにはフランス人に、「おれが言った内容が、どうしてあんなに長い日本語になるんだ？」と言わせるほどでした。そんな彼女のことを、我々は闘う「Warrior」と、敬意を表して呼び、彼女の戦闘力もますます上がっていったのでした。

【求道者】 イチローのような人

恐るべき集中力を持った人がいました。難解な課題に取り組むや、連日の超ハードワークで、一気に仕上げてしまい、でき上がりもハイスペックなものという、最終兵器のような人物でした。野球選手の「イチロー」のような風情があり、道を求め、極める人として「求道者」と評させてもらいました。少し頑固なところもあったのですが、そこも含めて一流だという、チーム内での理解につながるコトバになりました。

【策士】 作戦を練る

不動産仲介の営業所長をしていたときのことです。新設した営業所で、皆キャリアは浅かったのですが、早々に自分のやり方を確立して、好成績を上げている営業マンがいました。

当時、営業担当の人は歩合給制だったので、人の成績は自分とは無関係なのですが、その人には他のメンバーを指導してもらいたいと思っていました。そこで、私より年上の方だったのですが、「策士」として話を聞かせてもらう場を設けるようにしました。ともすれば失礼に当たるところなのですが、「策士」というコトバを面白がっていただき、教える立場を買って出てもらうことができました。

響くコトバで心に入り込め

- 人から言われた「コトバ」は良いモノも悪いモノも記憶に残りやすい
- 相手の価値観を象徴する「ひと言」が場面を変えることがある
- 「相手に関心を持つ」ことからコトバは生まれる

No.8

たった「4語」で心を掴む超やり手フランス人社長

カルフールが日本法人を設立して4年が経ったある日、フランス人の新社長がやってきました。たたき上げで、やり手と評判の人物です。

当時、みんな社歴が浅いのはもちろんのこと、経験・年齢もバラバラで、各人の責任範囲も一定していませんでした。こういった場合、企業理念・文化といったことよりも、人と人との関係がより所となって、仕事の進め方やルールが決まっていきます。

売上が軌道にのらず、苦しい状況が続いていた時期でもあり、日本人スタッフだけでなく、外国人スタッフも新社長がどんなマネジメントをするのか注目していました。

「大きく経営方針が変わるのでは？」
「プロジェクトはいままで通り進めることができるのか？」
「撤退もあり得るのか？」
「新しい社長とうまく意思疎通していけるのか？」

など、社員の間ではいろいろな臆測が飛び交っていました。

そんななか、社長とマネージャー全員との初めての合同ミーティングが行われました。

今後の日本での展開について簡単に話した後、社長からマネージャーたちに対して送られたのは一つのメッセージでした。


「I trust you 100%.」（君たちを100%信用する）

たった4語でしたが、この日を境に社長とのコミュニケーションにポジティブな気持ちで臨めるようになったのを覚えています。

まさにマネージャーみんなが求めていたメッセージだったような気がします。

経営者として簡単に言えることではありません。社長の言葉も、マネージャーを全人格的に信用するということではもちろんありません（会ったばかりです）。

「100%信用する」

「この会社を日本で成功させる。この共通の目的のもとで考え、行動する限りにおいて君たちを100%信用する。だから君たちも目標に向かって思う存分、力を発揮して欲しい」

これが適切な解釈です。

ただ、ファーストコンタクトであえて「信用する」と発言したことには大きな意味があります。

共通の課題に向かって、みんなが同じサイドに立てたということです。

難しい局面にあたって、お互いを「信用できるかどうか」、これほど重要なファクターはありません。問題を挟んで言い争うか、同じサイドから建設的なコミュニケーションで課題に取り組むか。およそ百八十度違う結果が「信用」の有り無しで生まれます。

社長の言葉は、さまざまな国で多くの人をマネジメントする中で磨かれてきたものであるのは確かです。

しかし、その後いろいろな場面で彼の発言を聴いていると、明らかに準備のあとがうかがわれました。場と人に見事にマッチしていたのです。

才能、技術だけではない、プロとしての努力が重要だということを彼に学びました。

▽瞬時に摑むメッセージ

フランス人社長は「100%信用する」で（心を）摑みましたが、同じように短いメッセージで（心を）摑む人たちがいます。

彼らは評価、信頼、バックアップといった観点から心を摑みます。

次ページから、これまで私が外資系企業のトップや上司に言われ、心を摑まれたメッセージを紹介します。

「チャレンジを買う」(評価)

ファンド会社トップのスコットランド人の言葉です。

当時、入社したばかりの私は、100億円の投資案件を進めていて、ほぼ確実に取れるという状況でした。ところが、海外投資家も現地に案内し、資金の目処《めど》も立てたあと、案件をライバル会社に取られてしまいました。

しばらくして、報告する機会がありました。クビかなぁと思いつつも、次のネタだけは仕込んでトップのオフィスに向かいました。経緯を説明し、新しい案件の話をすると、彼は、

「取られたものはしょうがない。このタイミングで次の案件を持ってきたチャレンジ精神を買うよ」

と言ってくれました。

彼自身も投資家に対してシビアな状況になっていたと思うのですが、そういったなかで、とても勇気づけられる言葉でした。

その後、新しい案件を全力で獲得して、見事リカバーできたのでした。

「プロである君に任す」(信頼)

3社目のファンド会社のアメリカ人トップに言われたことです。

当時、リーマンショックのさなかで会社はかなり厳しい状況でした。そうしたなか、難易度のかなり高い案件を受けることになりました。億単位のコミッションが入るので、収益的には大きい話なのですが、ファンドで扱うものとしてはかなり異色な部類のものでした。

私はその分野では経験があったのですが、予想しきれないリスクのことを考えると、会社としてどこまで突っ込むべきか、判断に迷いました。社内でもネガティブな意見が多数出ていました。

中間報告でトップにそういった状況を話したのですが、彼は、

「この件では君が社内一のプロだ。君の判断に任せるよ」

と言いました。

不確定要素も含めて私に賭けると言ってくれたのです。

トップの判断は的確で、チームの頑張りもあり、その案件は厳しい環境のなか、会社に収益の雨を降らすことになりました。

「Call me anytime.」（バックアップ）

カルフールのフランス人上司の言葉です。

西日本で初の出店となる大阪府・光明池店の開発で、地元との近隣交渉が行われているときでした。地元の要求は厳しく、川にかかっている小さな橋を架けなおして欲しいという要望が

上がっていました。費用が何千万円もかかるもので、本国の許可を取るのも容易ではない状況でした。

交渉が佳境となってきたとき、上司のフランス人にシンガポールへの出張が入りました。彼は、

「決めなければならないタイミングだったら、いつでも電話しろ」

と言って出発してしまいました。

その後、本当にそのタイミングがやってきてしまい、私は彼に電話しました。

すると彼はすぐにフランスにいるアジア統括の役員に電話をして、何千万円もの決裁をその日のうちに取ってしまいました。

彼もそうですが、アジア統括も部下の報告を信じて、即決してしまうのです。日ごろメールでコミュニケーションは取っているとは言え、超高速の判断には驚かされました。地元への回答のタイミングを外さなかったおかげで、難しかった交渉もギリギリで収まり、着工へとこぎつけられたのでした。

これらいずれのケースにも言えるのは、彼らは**「モチベーションを上げる言葉を即断で出す準備ができている」**ということです。

こういう言葉がノータイムで返ってくると、心にも響きやすく、素直に「やってやろう」という気持ちになれます。

何よりも信頼関係が築かれて、その後の仕事にも積極果敢に取り組むことができます。

これは、チームのモチベーション、パフォーマンスが大きく向上することにつながります。

「摑む言葉」は内容もタイミングも、先を見て十分に練られたものだということです。

言葉ひとつでパフォーマンスは先々まで向上する

「摑む言葉」は簡単には出てこない

引き受ける相応の覚悟と準備、練り上げる意識が必要だ

人の話を聴くとき、本を読むとき、一つひとつの言葉に敏感でいることから始めよう

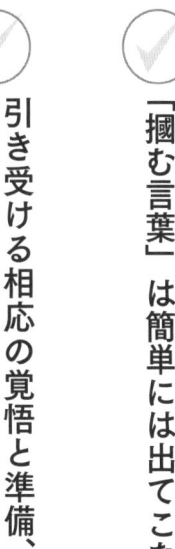

第2章

3秒プレゼン術

No.9

「分割」「暗号化」で3秒でわかるプレゼンをつくれ

スライドの「3秒ルール」をご存知でしょうか。

ぱっと見て、3秒でわかるスライドがベストという意味です。

プレゼンでは、おおかたのスライドは内容を覚えて帰ってもらえません。見て3秒でわかるくらいでないと、印象に残ることはなく、プレゼンが終わった瞬間に何も記憶に残っていないということになりがちです。

では、どうやって3秒でわかるスライドをつくればよいのでしょうか。

「分割」と「暗号化」を使えば、容易にスライドをシンプルなものにできます。

「分割」には**単純分割**と、**ダイジェスト分割**があります。

【単純分割】1枚のスライドを2枚または3枚に分ける方法です。全体↓分割1↓分割2↓全体の順に説明します。「シンプル」×「繰り返し」＝「記憶」です。

【ダイジェスト分割】1枚目の主要部分のみを、ダイジェストの形で取り出します。重要なポイントが複数ある場合は、同じ作業を繰り返します。

1枚を長々と説明するのだったら分けましょう。スライドで映すものは何枚になってもかま

単純分割

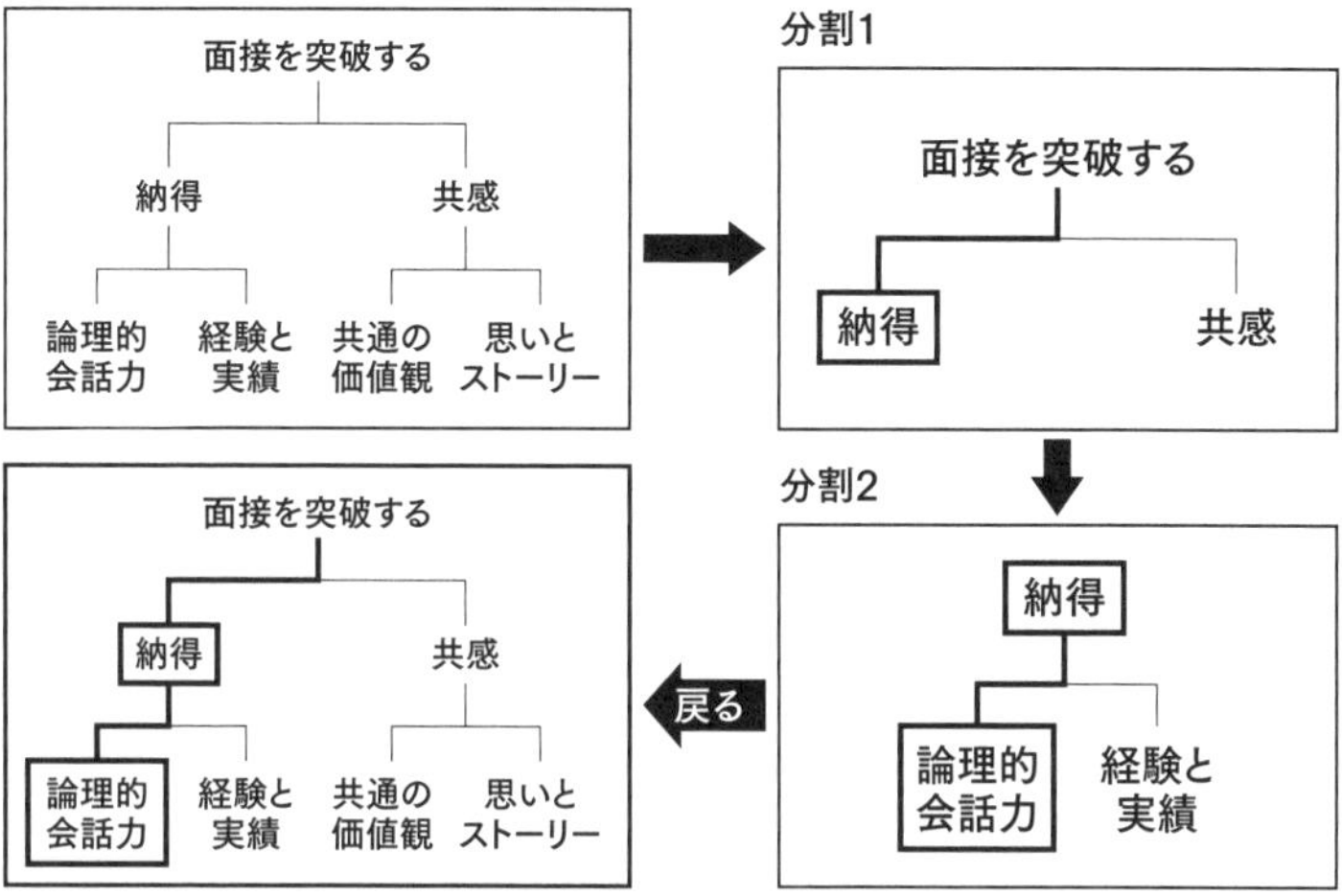

ダイジェスト分割

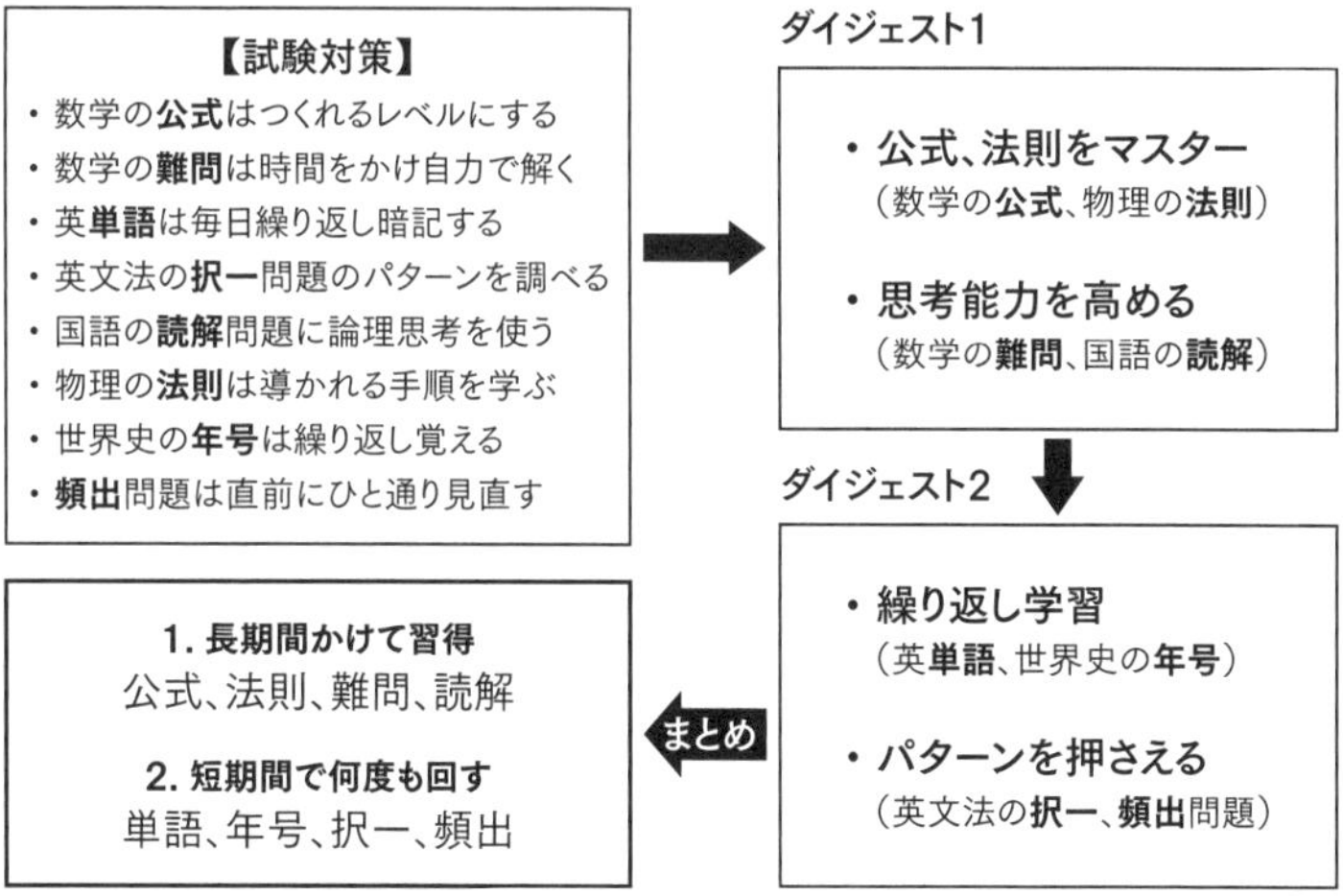

いません。配付分は元の1枚だけにしておけばOKです。

「バカにしているのか!」と言われる一歩手前ぐらいまで丁寧に分けましょう。

「暗号化」は、「分割」とセットで力を発揮します。暗号化をうまく使うと、スライドをわかりやすくできるだけでなく、プレゼンテーション全体を効率化することも可能です。

[短縮暗号化]「社内の評価が上がる」を「社内」または「評価」に短縮します。短縮のしかたは、並列されるものによって変わります。

[イメージ暗号化]意味がイメージできるような写真や絵を使います。写真、絵の選択、加工しだいで最強の暗号化になります。

暗号化のメリットは、言葉や意味を聞き手の頭の中に印象強く残すことで、その後のスライドの効率化が図れることです。人の集中力には限界があります。集まっている人も、その日の調子もさまざまです。短時間で多くの内容を共有したいとき、聞き手がテーマに詳しくないときなどは、スライドにもいつも以上の工夫が必要です。

最後に。聞き手の「視力」にも気を配りましょう。「見える」と「快適に見える」では字の大きさが異なります。分割や暗号化のキーワードなら、72程度のポイントが適切です。高齢の方にはスライド構成を変えてでも、より大きいポイントを採用しましょう。

短縮暗号化

暗号化前

仕事を充実させる

社内の評価が上がる
- **実績**を上げる（認められる）
- **仲間**を助ける（感謝される）

社外で評判が上がる
- **取引先**をいい仕事に巻き込む（一目置かれる）
- **顧客**に尽くす（信頼される）

暗号化後

仕事の充実1

社内
- 実績
- 仲間

社外
- 取引先
- 顧客

仕事の充実2

評価
- 認められる
- 感謝される

評判
- 一目置かれる
- 信頼される

イメージ暗号化

暗号化前

強い気持ちのキープ法

- 自分が恵まれていると思う部分を**4つ**挙げる
- そこから生まれる良いことを**イメージ**する

暗号化後

聞き手の「脳内」に侵入しろ

- いかに長時間、聞き手の頭のなかに留まるかがプレゼンの使命
- 短い言葉、写真や絵であれば、覚えておきやすい
- 記憶された言葉、考えはその後のスライドでも使いまわす

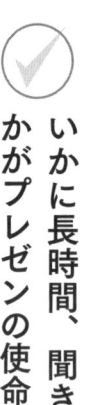

「5分前勝負メモ」からプレゼンを組み立てろ

「聞き手の興味、関心を惹《ひ》けるか心配だ」

「決定につながる、記憶に残るプレゼンにしたい」

プレゼンテーションを行う前に、こう思われたことはないでしょうか。

「ツカミ」はうまくいくだろうか、最後までうまく走り切れるだろうか、と心配は尽きません。

聞き手、場の状況、急なニュース（社会の変化）など、プレゼン前に予想し切れないことはたくさんあります。どうすればいいでしょうか。


じつは、**プレゼンテーションは、資格試験と似ている**ところがあります。それは、多くの人が、現場では実力の70％くらいしか発揮できず、そのレベルで勝負が決まるところです。つまり、**80％の力を出せれば勝てる**ということです。


資格試験の必勝法を訊かれていつも私はこう答えます。

「試験前1週間で再現できる力しか、現場では頼りにならない。1週間で1回転を繰り返せば合格できるような学習範囲を設計しろ」。試験場にたくさん知識を持っていき過ぎると、収拾がつかなくなったり、急な傾向の変化に慌ててしまうからです。


響くプレゼンにするための必勝法も同じです。

「すべての状況が見えた、開始前5分間でレビューできる範囲に命を懸けろ」

5分前勝負メモ

- ✔ ターゲット → 社長！
- @**締めスライド**　使うキーワード：将来価値
- ✔ **決めスライド**で調査担当にトピックを訊く（仕込み済み）
- ✔ **ツカミ**の写真は、取締役世代にもわかりやすく説明
- ✔ ○○の質問を誘って、今朝の新聞記事（事例）を紹介

したがって、**「5分前勝負メモ」をつくれる形にプレゼンテーションを「設計する」**ということになります。

命を懸ける対象は、「ツカミ」「決め」「締め」の3つです。3枚のコア（核）スライドの作成に全力を注いでください。

ほとんどの人は、さっき聴いたプレゼンを覚えていません。いくつものプレゼンを連続で聴く場合はなおさらです。

3枚だけ覚えさせましょう。それだけで、間違いなく一つ抜けたプレゼンになります。80％の力が発揮されて勝利できるのです。

「5分前勝負メモ」には、3枚のスライドをどうプレゼンするかをまとめておきます。

誰がターゲットか？　どのタイミングか？　ここで誰に振るのか？　追加で言うべきことは？　など、直前にしか最終確定できないことです。

究極、この3枚だけしか使わなくても、伝わるよう

に準備しましょう。
3枚のスライドの作成方針は次のとおりです。
【ツカミ】「あなた（みんな）は、いったい何のためにココにいるのか」を明らかにする。具体的状況があるなら、写真や数字だけのスライドでもOK。
（例）**不動産市況はすでに下り坂を滑り始めています**
【決め】「聞き手に起こる良いこと、または危機（悲惨な状況）」の説明。だからゴールを目指して、決定するんだという一枚。事実、イメージを突き付ける。
（例）**価格・賃料の下落、空室率の増加は3つ同時に襲ってきます**
【締め】「1週間経っても覚えている」ものを目指す。心に響く強い言葉、忘れられない写真、驚きの実物（もはやスライドではありませんが）など、形式にこだわることなく、覚えておいてもらうことだけに集中する。
（例）**「市場崩壊後の不死鳥プラン」**……バブル、リーマンを生き残った辣腕《らつわん》投資家の手法
3枚のスライドは、際立つものにして、根拠、裏取りは他のスライドに任せましょう。
いかにターゲットの脳に焼き付けられるかが、プレゼン全体の勝負を決します。

3枚のスライドに命を懸けろ！

- すそ野を一生懸命攻略しても、頂点に一蹴されるプレゼンは多い
- 決定権者さえ押さえれば、そこから同意は広がっていく
- 開始前5分で「ターゲットをどう落とすか」を最終決定する

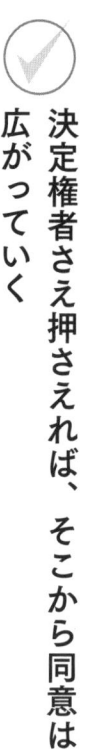

CA流「殺しの3秒」で相手を射貫け

「目力がある」「相手が読める」ということに関心がある人は多いと思います。

以前、CAのマナー講師をしている方に教えていただいたことがあります。

「殺しの3秒」という言葉があるそうです。

例えば、お客様に「毛布はいかがですか？」と声をかけた後や、お見送りで「いってらっしゃいませ」と声をかけた後に、

……3秒間……

お客さまと笑顔で目線を合わせます。

確かに、そこで瞬殺されてしまう人も多そうです。

「言葉の余韻を感じる時間」「気持ちが伝わっていくための時間」、いろいろな表現があると思いますが、そこには「心にしみ込んでいく」コミュニケーションを感じます。

説得力、交渉力のある話し手は決め台詞《ぜりふ》のあと、じっと相手の目を見つめ伝えます。

話に重みを加える効果があると知っているからです。どういう反応が返ってくるかでこちらの心理状態を測ろうとしているのでしょう。「そんなの照れくさくてできない」かもしれません。しかし、言葉の出口でどういう印象を残せるかは、話し手の存在感を左右します。泳いだ

目線のために、知らない間にあなたの発言が軽くあつかわれてしまっているかもしれません。

政治家や経営者（とくに外国人）の目線をよく観察してみてください。あるいは映画俳優、女優の目線の訴え。目の前にはいない画面越しの相手にメッセージを届けるために、彼ら彼女らの目線は強く残るものになっています。

▽3秒間

「3秒間の表情」がとても素敵な人がいます。ずっと「なぜだろう？」と考えていたのですが、きっと「気持ち」が表情に出ているんだろう、と思うようになりました。

「いってらっしゃいませ」（またお待ちしております）

「どうぞお気をつけて」（お楽しみくださいね♪）

といった感じです。

ジョージ・ロイスという、伝説的なクリエイティブ業界の導師の教えに、**「まず言葉ありき」**というものがあります。気持ちを心の中でつぶやくだけでも、きっと伝わるものがあるのではないかと思います。

▽目線の時間

会議やプレゼンでは、大事な場面で少し間を置いて、聞き手の反応を確認することがあります。「話がわかりにくかったかな？」とか、「どうも納得がいかないようだ」と感じたら、すかさず修正するためです。

そんなことを繰り返していると、パッと見渡しただけで、違和感を察知できるようになります。その人の周りだけが、違った色の空気に包まれているような感じです。

少人数なら、声がけをしてフォローすることもできます。

目線の時間は、情報収集の時間でもあります。

プレゼンや会議でも「目線を残す」を有効に使うことができます。

1. 場の雰囲気を十分に感じ取る
2. 話に入る前に、参加者一人ひとりの目線を確認する
3. 大事な部分(ツボ)は思いを込めて話す。その後、参加者の納得感を目線で確認する
4. 目線を外す。場の緊張感をフッと解いて、質問を促す

プレゼンや会議の場では、聞き手は何も話していなくても、目でコミュニケーションを投げかけています。それをしっかりと受け止めましょう。

日常の場面でもけっこうです。3秒が難しければ1秒でもいいので、「目線を残す」ことを試してみてください。あなたの話が余韻のあるものに変わって、相手に届きやすくなります。

「殺しの3秒」で転調する

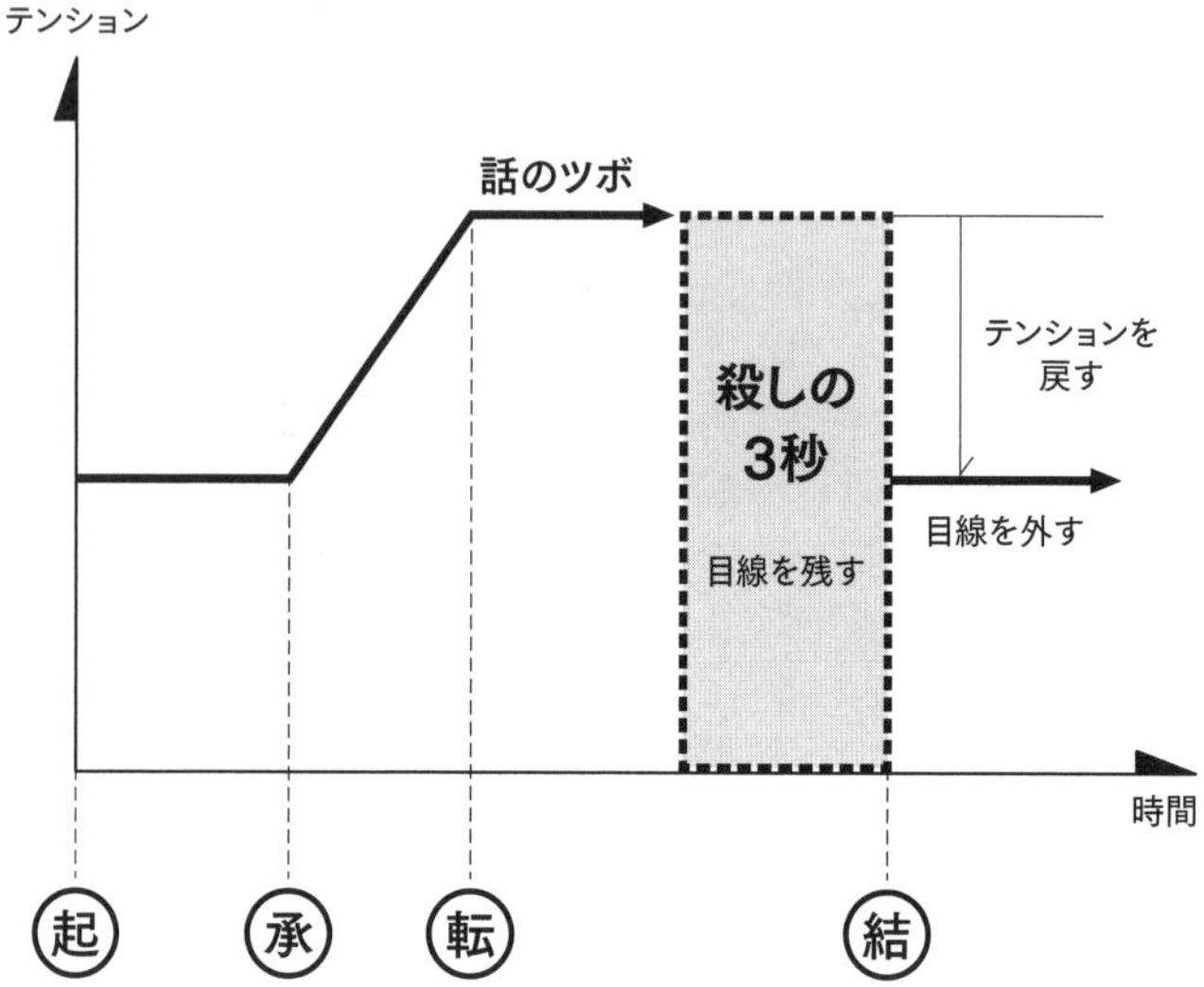

プレゼンテーションは小さな「起承転結」の連続で構成されていることが多いです。「転」での盛り上がりのあと、「結」へ移るところで転調することで、落ち着いた印象が生まれます。結論に対する安心感も与えられます。

会議も

「起」：背景・状況の説明
「承」：課題の発生
「転」：解決策の検討・絞り込み
「結」：結論

のようにシーンが分かれます。目線を上手に使うことで、場の調子をコントロールすることができます。

郵 便 は が き

料金受取人払郵便

代々木局承認

1536

差出有効期間
平成30年11月
9日まで

1 5 1 8 7 9 0

203

東京都渋谷区千駄ヶ谷 4-9-7

(株) 幻 冬 舎

書籍編集部宛

1518790203

ご住所 〒

都・道
府・県

フリガナ

お名前

メール

インターネットでも回答を受け付けております
http://www.gentosha.co.jp/e/

裏面のご感想を広告等、書籍の PR に使わせていただく場合がございます。

幻冬舎より、著者に関する新しいお知らせ・小社および関連会社、広告主からのご案内を送付することがあります。不要の場合は右の欄にレ印をご記入ください。

不要 □

本書をお買い上げいただき、誠にありがとうございました。
質問にお答えいただけたら幸いです。

◎ご購入いただいた本のタイトルをご記入ください。

『　　　　　　　　　　　　　　　　　　　　』

★著者へのメッセージ、または本書のご感想をお書きください。

●本書をお求めになった動機は？

①著者が好きだから　②タイトルにひかれて　③テーマにひかれて
④カバーにひかれて　⑤帯のコピーにひかれて　⑥新聞で見て
⑦インターネットで知って　⑧売れてるから／話題だから
⑨役に立ちそうだから

生年月日	西暦　　年　　月　　日（　　歳）男・女			
ご職業	①学生	②教員・研究職	③公務員	④農林漁業
	⑤専門・技術職	⑥自由業	⑦自営業	⑧会社役員
	⑨会社員	⑩専業主夫・主婦	⑪パート・アルバイト	
	⑫無職	⑬その他（　　　　）		

ご記入いただきました個人情報については、許可なく他の目的で使用することはありません。ご協力ありがとうございました。

▽〝間〟を外す

会議や交渉で怒り出す人がいます。怒りは自身の言葉で増幅されます。ぶちまけるほどに、「〝怒〟テンション」が上がっていきます。まずは、じっと聴いておきましょう。

話が終わったところで、

……3秒間……

相手に目を合わせつつ考えをまとめます。これは、「〝怒〟テンション」を殺す3秒です。

その後、「先ほど、○○の話がでましたが、それは……なことですか？」など、理性的な話の流れに持っていければＧｏｏｄです。

▽目線は合わせる

外国人は目線の使い方が上手です。重要な話をしているときは「絶対にお前の目線は逃さないからな」というような気迫を感じます。

「少し目線をそらす」「ネクタイの結び目を見る」などというまどろっこしいことは一切なく、ビシビシ目線を合わせてきます。

また、会って目が合ったときに、ニコッと口角を上げるのも、男女問わず外国人によく見られる光景です（日本にビジネスできている欧米人ベースの話です）。

目線が合うのを避けるのではなく、目線に良い印象を乗せていく努力をするという文化は、日本人のなかでも増えてきているようです。

手強いヤツは「目」を鍛えている

- まずは強い目線を観察してみよう。テレビで、映画で、日常で
- 自分でも試してみよう。鏡を見て、一対一で、プレゼンで
- 口角を少し上げるだけでも、あなたの視線は柔らかくなる

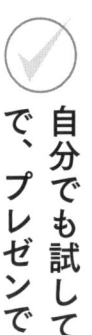

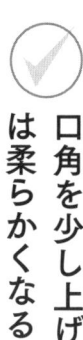

No.12

「会議プレゼン」でプロジェクト順位を上げる

「企画やプロジェクトを社内で通す」「クライアントや経営陣に対してプロジェクトの優先順位を上げる」。そんなとき、役に立つのが、会議の「プレゼンテーション」です。

具体例をお話しします。大阪府茨木市の駅前再開発プロジェクトの事例です。

当時私は、プロジェクトリーダーとして、古くなった駅前商業施設の建て替えをチームのみんなと推進していました。建て替えの難しいところは、多くの所有者の同意を取り付けないと事業が進まないことです。

同意を取り付けるためには、行政のほか、デベロッパー、ゼネコンなどプロのパートナーの手を借りなければなりません。新しい施設の設計や事業計画の作成、個々の所有者への説明など、多くのマンパワーが必要となるからです。

ところが、同意が取れないうちは、彼らも深入りはしてきません。ビジネスになるかどうかわからないからです。正式な同意が取れれば、事業が進む確率はグッと上がります。パートナー社内でのプロジェクトの優先順位（期待値）が上がり、人やお金といったリソース（資源）を投入してくれるようになるからです。

しかし、本当にサポートして欲しいのは、正式な同意が取れるまでの期間です。

そこで、チーム会議を「プレゼンテーション」することにしました。同意の進みぐあいや話し合いの中身を知ってもらい、事業に手ごたえを持てるよう活動したのです。

会議プレゼンは、以下のように進めました。

1．プレゼンできる会議（やさしいスライドで全体を設計）

所有者が理解できる、わかりやすいスライドを中心に会議を組み立てました。スライドは、行政やパートナーにも同内容でプレゼンできるようつくり込んでおき、所有者の理解が進んでいることをアピールしました。

2．メンバーの顔を見せる（どんな「人」が進めているのか）

どういうメンバーが核となってプロジェクトを進めているか、反対者を含め、その他の所有者からどんな意見が出ているか、参加できていない所有者からどんな意見があつまっているか、などを示していきました。

3．情報をオープンにする（スケジュール、進捗《しんちょく》、課題解決能力）

ムリのない計画を立て、課題も予定どおりクリアしていることを伝えました。

4．チームの責任感を示す（プロジェクトをやり切る強い気持ち）

会議をプレゼンで魅せる20チェック

会議プレゼンで使いました。プロジェクトの紹介に有効なチェック項目です。

1.	キリのいい数字を使って見やすくする
2.	素人でもわかるやさしい言葉で説明する
3.	「字」はいつもより二回り大きなポイントを使う
4.	スライド一枚の情報は少なく抑える（何枚にも分ける）
5.	明るくクッキリと写った大きい写真を使う
6.	経緯は初めての人にもわかるようコンパクトに説明する
7.	マイナス要素こそ、はっきりとわかりやすく示す
8.	協力者は、誰がなぜ協力してくれるのかを詳しく話す
9.	財務状況などの守秘事項も必要なら加工してでも出す
10.	問題点の説明は最重要な2つに絞る（覚えやすい）
11.	スケジュールは不必要な情報をすべて削ってシンプルにする
12.	成功事例はもっとも適切なものを詳しく紹介する
13.	アンケート、ヒアリングなど現場からの情報を優先する
14.	専門家、公的機関の見解も交えて、事業の社会性を示す
15.	世の中の流れ（プロジェクトを求める声）について触れる
16.	止まらない感（後がない、逃げられない）をにじませる
17.	結論は二者択一で示す（実現性を判断しやすい）
18.	インパクトのあるスローガン（大義、共通の思い）を掲げる
19.	新聞記事等のメディア情報は探してでも加える
20.	プロジェクトの後押しになるコメントは自ら取りに行く

プロジェクトを責任を持ってやり切る「チームがいる」ということを示しました。パートナーへの説明には、主要メンバーで臨み、生の声でプロジェクトへの思いを伝えました。

これらの活動の結果、早い段階からプロジェクトに関心を持ってもらうことができ、通常よりずっと早い時期にパートナーの協力を取り付けることができました。

じつはこの建て替えプロジェクトは、4年前に賛成45％で否決されたものでした。私は、プロジェクトリーダーを引き受けるにあたり、3カ月という期間をあえて設定しました。時間をかけるよりも、短期集中で100％以上の力を目指す方が、メンバーの集中力が上がり、まとまる確率が高いと思ったからです。

チーム一体となり全力で取り組んだ結果、所有者133名のうち、93％の賛成をもらうことができました。現在も駅前の大型複合プロジェクトとして計画が進行中です。

計画をつくっているのは「人」です。実際に事業を進めていくのも、困難なことが起こったとき、くじけずに克服していくのもやはり「人」なのです。

会議プレゼンは、正確には「会議」のプレゼンテーションではありません。

プロジェクトをつくり、遂行していくメンバーの熱い気持ちのプレゼンテーションです。

プレゼンで会議を設計する

パートナーや行政のなかでの「優先順位」を上げて協力を得る

⇨プロジェクトの「順位」を上げることのできる強力な「プレゼンテーション」をつくる

⇨「プレゼンテーション」を目的として、コンテンツである「会議」を設計する

真剣度
◆
なぜやらないといけないのか？ →「絶対にやり切る」ことをアピール

➡

短期勝負
◆
90日での同意取得を目標とした →強い目標で集中力を高める

⬋

実行プロセス
◆
現場の声を丁寧に拾っていった →地に足のついた計画であると示す

➡

ゴールの可視化
◆
目標はシンプルな形（数字）にし、計測と実現性の判断をしやすくする

⬋

成功の証明
◆
成功するための要素を、論理と実例で示す

➡

総熱量
◆
メンバーから出た「言葉」をスローガンとする →結束が底力となって響く

「熱のある会議」がたくさんの人を動かす

- 会議（メンバー）をプレゼンすれば、プロジェクトが「見える化」される
- 「熱」が感じられれば、相手の現場メンバーの取り組みは真剣になる
- 高い位置の決定権者ほど「熱」を見ている。「熱」を届けよう

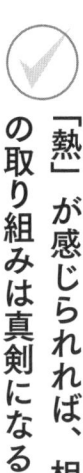

No.13

「壺を割る」フレーズ

英国人のデュヴィーンという人をご存知でしょうか。20世紀初頭に活躍した有名な画商です。モルガン、ロックフェラー2世、ゴールドマンなど、名だたる大資本家をクライアントにしていました。

デュヴィーンが、J・P・モルガン（米モルガン財閥創始者）と初めて会見を許されたときのことです。モルガンは、5つの大きな花瓶を指し、3つはとてつもなく価値の高い名作で、あとの2つは莫大な費用をかけた精巧な模造品だと言いました。そして、このなかから本物を見分けてみろとデュヴィーンに命じたのです。デュヴィーンは、花瓶に近寄ると、チラリとも見ずに、持っていたステッキで2つの花瓶を粉々に砕いてしまいました。これ以降、モルガンは死ぬまで、すべての絵画と芸術品を、この偉大なる英国の画商から買い求めたそうです（『世界を変えた伝説の広告マンが語る　大胆不敵なクリエイティブ・アドバイス』ジョージ・ロイス著　青幻舎）。

この話は、トップに対してどういうプレゼンが必要となるか、ということを教えてくれます。外資のトップに承認を取りに行くと、決まって訊かれるのは「この物件はBESTか？」ということです。

答えは当然「YES！」です。**ここで、強く答えられない半分の案件は落ちます。**

そして「SURE？（確かか？）」と、ドスのきいた声で再度訊かれます。

「SURE！（もちろんです！）」

ここで生き残れるのはわずか10％程度です。


トップが案件の話を聴いている段階で、内容の詰めはすでに終わっています。見ているのは、**「このプロジェクトマネージャーは自信を持って、最後までやり切れる人間なのか」**ということです。物件に対する確信、裏づけるデータや現場調査の積み上げ、最後まで共に走り切る信頼できるチーム、そういったものをプロジェクトマネージャーの「目」の中に確認しているのです。緩いプロジェクトは、確実に見破られてしまいます。


トップに「GO！（行け！）」と言わせるには、自分自身を「任されるにふさわしい状態」につくり上げていく必要があります。「壺を割る」ようなフレーズを、迷いなく言えるようにしてください。

「この案件をやらないなら、他にやるものはありません」

「この案件は私しかやれません／私なら100％成功します」

「最高のチームで臨みます。フルサポートをいただけますか？」

大げさな表現に聞こえるかもしれません。しかし、トップへの説明は「交渉」です。

デュヴィーンがそうしたように、自らの決意と覚悟を固めてその場に臨みましょう。

▽他にやるものはない

自分は「ベストな提案」をしていると信じ切っていればできる発言です。
・プロジェクトや企画の特長について裏づけは完璧か？（調査能力）
・マーケットの把握は十分できているか？（情報収集能力）
・自社の事業（方針、状況）を理解しているか？（コミュニケーション力、判断力）
が、問われます。

▽私なら100％できる

自分とチームが「ベストなマネージャー」であると断言できなければなりません。
・プロジェクトにかけてきた圧倒的な熱意と時間
・自身の知識、経験、技術、強みの把握と周りの状況把握
・成功するまでやり切る覚悟（コミットメント）
これらを、自分自身で100％納得できる状態につくり込んで臨みます。

▽サポートの要求

前の2つをクリアしているマネージャーなら、プロジェクトを成功させるためにできることは100％やり切るはずです。サポート要請は当たり前にやりましょう。

マネジメント（会社）にも覚悟を求め、優先度（プライオリティ）を上げます。プロジェクトの社内プライオリティを高めることは超重要です。困難に直面したとき、突発事象が起こったとき、プロジェクトを継続する底力になるからです。

こうした一連の動きは、誰よりもチームのメンバーがよく見ています。マネージャーのコミットはあらゆる面からプロジェクトを強化することになります。

プロとしての自信と誇りを持って対峙する

自信と誇りは、圧倒的な努力と総合力からしか生まれない

「できるだろうか？」とか言っているヒマがあったら、いますぐ始めよう

名うてのマネージャーも完全ではない。常に進行形で自分を強化しよう

No.14

「ツカミ」分析で発見した「出だしのフレーズ」

皆さんは、会議を始めるときにどんな言葉からスタートしていますか？

私は、MC（※）として会議を任された当初、はじめの挨拶が苦手でした。「ツカミ」というやつです。「無難にいくなら、当たりさわりのない挨拶やメンバー紹介から か」とも考えました。しかし始まりの3分間は、参加者の視線が一点に集まる、イニシアチブを取るには格好のタイミングです。この時間をうまく活かさない手はありません。

そこで、セミナーやプレゼンの上手な人たちの「ツカミ」を、注意深く観察してみました。TEDカンファレンス（世界的な講演会）の著名プレゼンターの動画からも、厳選した30本のスタート部分を分析しました。そして、必勝法とも言える「出だしのフレーズ」を発見したのです。

それは、**「WE」「YOU」で始まるフレーズ**です。

「皆さん、こんにちは。……**私たち（WE）は**、よく『コミュニケーション』について話をしますが、じつは……」

「おはようございます。……**皆さん（YOU）は**、『起承転結』という言葉を聞かれたことがあると思います。ところで、……」

たったこれだけです。

※MC（Meeting Controller）：造語です。本書では「会議をマネジメントする人」の意味で使います。

驚いたことに、こういった出だしのスピーチは、かなりの確率で聞き手の関心を惹きつけ、内容も面白く、興味深いものだったのです。

これは、ツカミが良ければ面白い、ということではなく、**「スピーチが得意な人は、このフレーズの効果をよく知っている」**ということです。

バリエーションとして次のような表現があります。

「周りを見回してみてください（YOU）。景気が良さそうですか？」

「函館といえば、透き通るイカ刺しで知られていますね（WE）」

「今日、ここで集まれたことには（WE）、特別な意味があるかもしれません」

「子どものころ（YOU）、何になりたかったか覚えていますか？」

人は自分のことが話題にされると、つい聞き入ってしまう、というのは理解しやすい話です。単純な理屈ですが、効きめはバツグンです。会議では、テーマとなっている課題や目標、背景や現状などから入ることが多いので、次のように始めてみてはどうでしょうか。

「**皆さん**ご存知のように、先月よりXプロジェクトがスタートしていますが、……」

「現在発生している問題が、**各部門に**及ぼす影響をスライドにまとめてみました」

「これらの点について、**皆さんに**ご意見を伺いたいことがあります」

「I」（私）から始める

「YOU」（あなた）から始める

「本日、決めなければならない（WE）項目を順にお話しさせていただきます」

「私」よりも、**「私たち」「あなた」**です。

▽TED分析の副産物

TED代表のクリス・アンダーソンは、『TEDが素晴らしいスピーチを生む秘密』のなかで、「逸話を語る」「秘密を打ち明ける」といった「小道具の使い過ぎ」を戒めています。「講演者のすべきことは何よりも聴衆の頭の中へ『アイデア』という贈り物を届けること」だと彼は言います。そして、「聞く人に関心を持つべき理由を与えること」「自分のアイデアをみんなに知らせる価値のあるものにすること」を重要な指針として挙げています。

会議に即して言えば、「参加者に、**議題に関心を持つべき理由を与えること**」「会議そのものを**参加する価値のあるものにすること**」だと言えるでしょう。

議題や出だしのフレーズは、できる限り参加者の好奇心を掻《か》き立てるようなものに仕上げるべきです。会議によって恩恵を受けるのは「参加者みんな」です。みんなにとって価値ある内容と運営をMCが提供しましょう。

以上の点がしっかり練られていたら、どういう「出だしのフレーズ」をつくるべきかは、自然と見えてくるはずです。

「ツカミ」のつくり方

	事実	強み・経験
知っている	「ご存知のとおり～」 「ご存知ですか?」 「お気づきですか?」	「成功例を思い出す」 「改善法を浮かべる」
共感する	「競争の中にいます」 「時代に遅れている」 「最優先課題では?」	「鍵となる高い技術」 「努力も限界」

＊「皆さん」や「私たち」をセットにすれば、「ツカミ」のフレーズができる
＊事実や強み・経験は、聞き手が「知っていること」「同意できること」

表現例

「利益率が悪化しているのはご存知ですか?」

「私たちは経験したことのない競争のなかにいます」

「やり方が時代に遅れていると思いませんか?」

「最優先課題として取り組む必要を感じませんか?」

「いままでで一番の成功例を思い出してください」

「効率を大きく改善できる点が浮かびますか?」

「達成への鍵となる皆さんの技術ですが……」

「皆さんの努力でカバーするのも限界です」

名スピーカーは開始10秒でツカむ

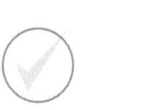

- スピーカーの「第一印象」は最初の「10秒間」で決まる
- つまり、はじめの50～80字をしっかり練り込んでおくということ
- 「参加者のために」を究極まで考えて、出だしのフレーズを磨こう

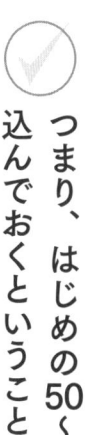

第3章
3秒発想術

No.15

「ワン・コメントシート」で小学生の発想スピードに戻る

会議やディスカッションで、参加者からフィードバックをもらうのに苦労したことはありませんか？　提案や発言に対して、意見や質問、感想をもらうことは、もらった人だけでなく、参加者全員にとって役立ちます。たとえそれが、反論や批判であってもです。

フィードバックをきっかけに議論が広がったり、疑問点などを確認することで、みんなの理解が深まるからです。

しかし、個々の参加者の自発性に任せているだけでは、なかなか活発にコメントが出てきません。

そんなときは、**「ワン・コメントシート」**を使って、フィードバックを加速させましょう。

あらかじめ参加者に「フセン」を配付します。そしてフィードバックが欲しい場面で、次ページにあるような、「ワン・コメントシート」を順に回していきます。各参加者は、1コメントのみ書き入れたフセン1枚を、シートに貼っていきます。

このとき、誰のコメントかわかるように、あらかじめ参加者ごとにフセンの色を変えておきましょう。人数が多いようなら、各フセンの上に、名前を入れておきます。

ワン・コメントシート
（プレゼンに対して）

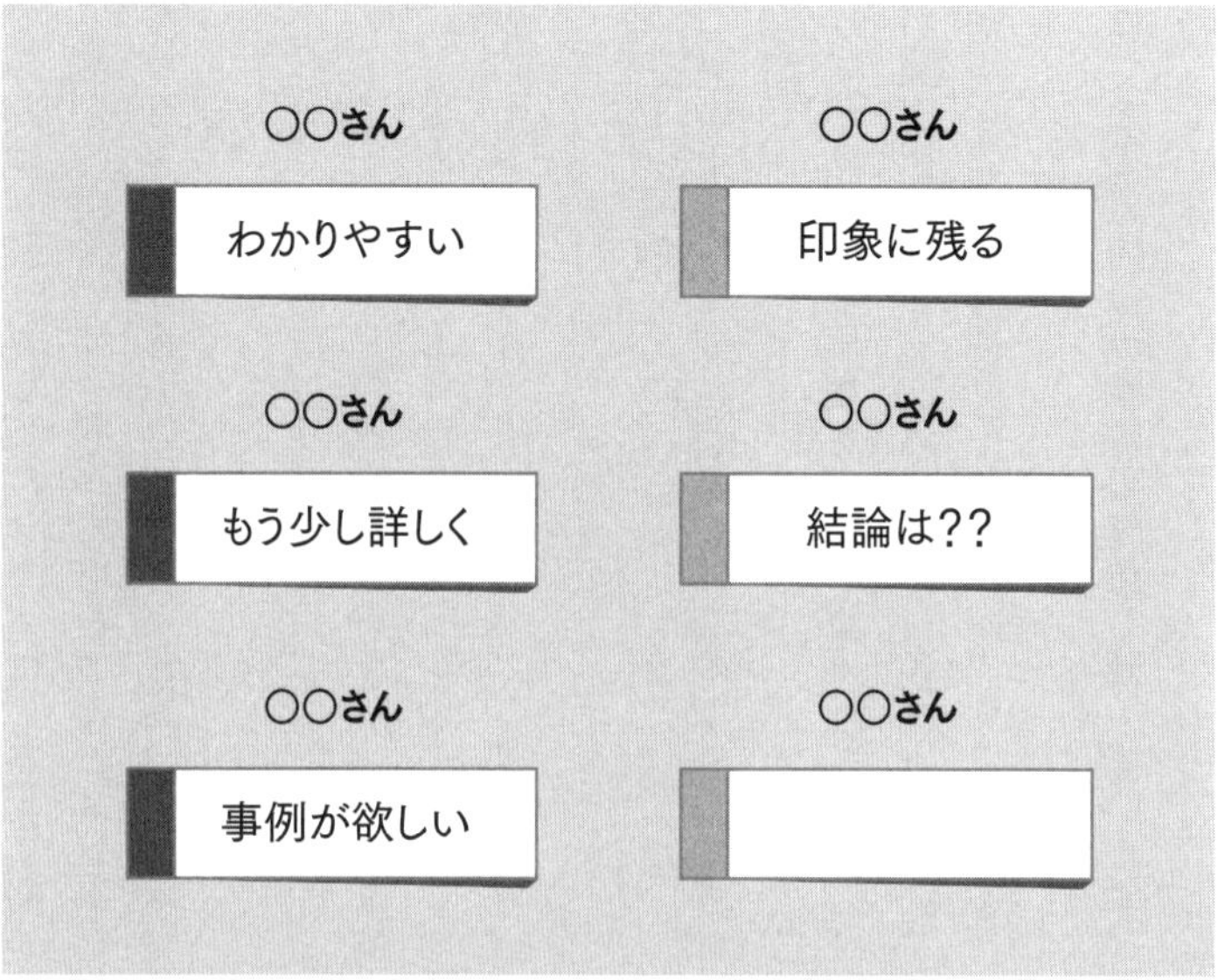
○○さん
わかりやすい
○○さん
印象に残る
○○さん
もう少し詳しく
○○さん
結論は??
○○さん
事例が欲しい
○○さん

条件づけをするとコメントを絞れる

MC「わかりにくかった点をコメントしてください」

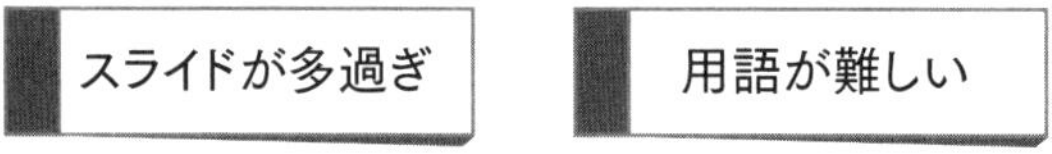
スライドが多過ぎ
用語が難しい

MC「会議の改善点をコメントしてください」

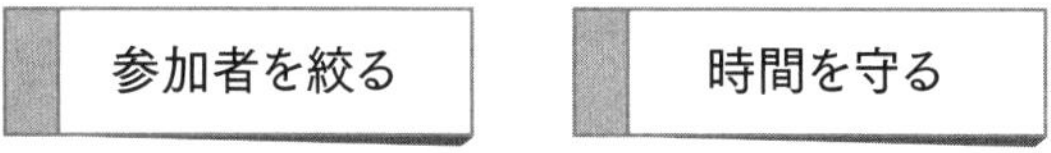
参加者を絞る
時間を守る

可能であれば、貼り終わったシートは、写真に撮ってスクリーンに映し出します。

ここでMCの出番です。**貼ってもらったコメントに対してツッコミを入れていきます。**

みんながもっと知りたいところを、質問のかたちで聞いていくのがコツです。


「『わかりやすい』とありますが、具体的にどの部分がわかりやすかったでしょうか？」

「結論のところですね。なぜわかりやすいと思いますか？　話の順序でしょうか？」

「確かに、理由づけがしっかりできているのはいいですね。他に気づかれたところはありますか？　逆にわかりにくかったところは？　あえて挙げるとすれば？」


といった流れです。

短いコメントをフセンに書くだけなので、参加者のハードルはかなり下がります。

あとはMCがインタビュアーとなり、話を広げたり掘り起こしたりしていくわけです。

一からコメントを考えたり、文を書いたりするのは苦手でも、インタビューに答える形式なら楽に言葉が出てくる、と感じる方は多いと思います。MCの意外な質問から、一人では思いつかなかったような、視点や発想が出てくることも、このツールのメリットです。


じつは、この方法は小学校の先生も使っています。

「『楽しいこと』で思い浮かぶものを言ってみましょう！」

質問(ツッコミ)を考えるコツ

わかりやすい

5W1H	when	いつ／時	時間配分がうまくいっていましたか?
	who	誰が／人	○○さんらしさが出ていましたか?
	where	どこで／場所	どの部分がわかりやすかったですか?
	what	なにを／モノ	なにがわかりましたか?
	why	なぜ／理由	なぜわかりやすいと思いますか?
	how	どうやって／方法	なにか良い工夫がありましたか?

売上は好調だ

時系列	過 去	1年間でどの程度の増加ですか?
	現 在	どのくらいの達成率ですか?
	未 来	今後どの程度伸びそうですか?

残業が多過ぎる

改善点	自 分	業務の効率が問題だと思いますか?
	相 手	上司、クライアントの影響はありますか?
	環 境	業務の流れになにか問題はありますか?

「へ〜〜『探検』なんだ〜。どこを探検したの？　誰と一緒に行ったの？」

先生も「ツッコミ」で子どもたちから発想と会話を引き出しています。

少し頭のカタくなった私たち大人には、かなりの効果が期待できます。

質問は、**「5W1H」**（なにが、どこが、なぜ等）、**「時系列」**（過去、現在、未来）などから考えると、話が広がりやすくなります。

発想のためのディスカッションとも、相性の良い手法です。ぜひ試してみてください。

切り口で質問を伸ばす

「質と量」のような切り口を使うと質問がヒラメキやすくなります

情報を集める	質	どういう種類の情報?
	量	どこで集められる?
暗記の効率化	左脳	短時間で繰り返す?
	右脳	イメージと結びつける?
知名度を上げる	短期	広告プラン? エリアを絞る?
	長期	PR? 商品価値のアップ?
自分を売り込む	知識	知識の広さ? 深さ?
	経験	どんな経験? ネットワーク?
	技術	他にない技術?
商品を開発する	顧客	求めているサービスは?
	競合	提供サービスは? 不足は?
	自社	優れているところは?

みんな小学生の発想ダッシュ力を出せる

- 文章で頭のメモリがいっぱいだから、発想（脳の起動）に時間がかかる
- 短いコメント（単語）ベースなら、脳のパワーを発想に回せる
- MCは「ノリ」が命。人気のあった先生を思い出そう

No.16

1万分の1の発想をつくる「ツボかけ算」

皆さんも、自分が精通している分野で**「コツ」や「ツボ」**と呼ばれるものを持っていると思います。自分のツボの一つが、100人に一人しか会得していないものであったら、もう一つ別の100分の1のツボをかければ、1万人に一人の発想が生まれるはずです。

例えば、サッカーが趣味で、仕事では交渉の経験が豊富なビジネスマンがいるとします。彼はロングシュートを決めるのを得意としています。ロングシュートは、キーパーの「まさか!」という瞬間的なスキをついて打たないと、なかなか決まるものではありません。**「コンマ何秒のスキ」**を感覚として身につけているのが彼の一つ目の「ツボ」です。

同じように交渉でも「ツボ」を見つけられます。交渉で相手を落とす武器の一つに、「社会的正義」というものがあります。利害や理屈だけでは折り合わないとき、「社会の一員として、妥当な線でお互い歩み寄る」というものです。このカードには**「必勝の切り方」**(ツボ)があります。切り方がうまくないと、効果はガタ落ちになります。

「コンマ何秒のスキ」と「必勝の切り方」、2つのツボをかけあわせてみましょう。

交渉の場で、両者が言いたいことを言い終わって、「フッと」空気が緩む場面があります。「これ以上続けば、こう着状態になる」と、お互いが思った瞬間、そこが着地点を切り出す「コンマ何秒のスキ」です。

社会的正義には「協調」「環境」「弱者保護」「次世代への責任」のようなカードがあります。「こんな連中と一緒にやっているから効率が悪い」と思っている人に「協調」のカードを切っても逆効果です。「環境」や「次世代への責任」が「勝つカード」になります。

相手の価値観を見極め、最適なカードを効果的なタイミングで出すこと（ツボかけ）で、交渉が着地する確率は大幅にアップします。

人材系スタートアップの経営者の方とお話をしていたとき、キャリアデザインにもツボかけ算を応用できることに気づきました。

「仮想の買い手の設定」×「キャリアの『見える化』」という「ツボかけ算」です。

ファンド会社での話です。不況になり、不動産の売却を迫られたとき考えたのは、賃料アップ、コスト削減といった普通の要素だけではありませんでした。1万人に一人の仮想の買い手

（投資家）をターゲットにしました。「彼」が「欲しい！」と思うであろう特長を強化した上で、マーケティングをかけたのです。

超一等地のマンションでは、エントランスなど共用部分の快適性を、コストをかけて徹底的に高めました。「いまの収益」よりも「将来の収益」を見ました。

その物件は、ある顧客のニーズにピッタリ一致して、互いに満足のいく取引となりました。


キャリアデザインにあたっては、自分のキャリアを見えるかたちにしておくことが求められます。普通に見せるだけでうまくいくなら良いのですが、実際はそんな楽な場面ばかりではありません。ここ一番のチャンスには、普通の見せ方だけではなく、相手のニーズを予想して、それに合った知識・経験・技術を強調して見せる**（仮想ニーズ×『見える化』）**かたちで臨むべきです。

強い競争相手、厳しい状況での勝負に臨むときにはとくに有効なアプローチです。

例えば「事業の立ち上げ」に必要な人材が求められているとしたら、一般的な「リーダーシップ」や「目標達成力」に焦点を当てるのではなく**「ボトムアップ力」**に焦点を当ててみます。「各部署をつなぎ、地道にコツコツと人を巻き込んで、事業を進めていった」などの自分の経験を面接の際に相手に話すのです。

ツボをわかっている者同士がチームを組めば、両分野のノウハウ、経験、施策をすべてぶち込んだ発想や問題解決をすることが可能になります。
自分とはまったく違う得意分野を持つ人とのツボかけ算を試してみてください。

例えば読書。文系の人にとっては、著者とのコミュニケーションを取れるという点がツボとなります。一方理系の人にとっては、数時間で専門家の知識や経験を得られるという点がツボとなります。

具体的にはいまの自分を1として毎週1%だけ成長していくとすると、3年後には複利計算により約5倍の成長が期待できるからです。二人がかけあわされれば、文系は「1%成長できる本を週1冊読もう」、理系は「著者にメッセージを送り双方向コミュニケーションで機会を得よう」という発想が生まれます。一つのツボだけでは生まれない発想です。

ところで私がファンド業界に入ったのも本を読んで著者に会いに行ったことがキッカケでした。その本が実際の行動に移るための「ラスト1%」になったわけです。**自分自身を動かす力のある本（超重要な1%）に出会う**ことはビジネスの上でも重要なことだと思います。

文系と理系のツボかけ算

文系のツボ		理系のツボ
読者 ‖ 著者とのコミュニケーション	×	複利のパワー ‖ 週1％の成長を3年間続けると約5倍成長できる！

⬇

★1％成長できる本を週1冊読もう
★著者へメッセージを送ろう

プロジェクト的ツボかけ算

No.1と組む × リソースを最大限に活かす

⬇

組んだ相手の強み（技術・信用）すべてを価値提案に取り組む

目標を魅力あるものに磨きあげれば、行動も磨かれる × 営業とは商品・サービスという「タネ」を植えること

⬇

営業が「使命」になるレベルの「タネ」（商品・サービス）を開発する

「どこがツボなんですか？」と突っ込んで訊く

- 同じ分野でも人によって違うツボを持っている。訊かないのは損
- 自分のツボも相手とシェアする。自慢にならないよう簡潔に
- 経験や分野のギャップが大きいほど、意外性のあるツボかけ算になる

No.17

「経験複写法」「フレームワーク転写法」で話を広げろ

「テーマについてもっとたくさんの意見が欲しい。もう新しい発想はないのか？　どうやって話を広げていけばいいだろう？」

あなたならそんなとき、どんな手を打ちますか？

「皆さん、どうでしょうか？」「他にご意見はありませんでしょうか？」といった問いかけでは、なかなか意見は出てきません。

経験複写法を試してみましょう。

テーマに対して、持っている「経験を複写」する手法です。

例えば、部内で新しい営業手法について考えているとします。

あなたが「資料整理」でうまくいった経験を持っていたとしたら、それを営業の場面に使う（複写する）ことはできないでしょうか？

1．いままでの営業での成功例を集める（事例の収集）
2．担当者インタビューを行い、似ているパターンで分類する（事例の分類）
3．うまくいった理由を取り出して、テーマに当てはめる（成功パターンの活用）

という具合です。

「スーパー営業マンの時間管理法を、業務の効率化に活かす」

「秘書セクションの上司対応術を、顧客サポートに取り入れる」

など、他にもいろいろ考えられると思います。成功経験がある人に、そのプロセスを聞くことで、ノウハウを共有し、発想を広げていくことができます。

▽スーパー営業マンの時間管理法

1. 自分がやるべき業務かどうかをチェックする（緩いと成果に、厳しいと人間関係に響く）
2. 優先順位（重要度、緊急度）を意識する（人が決めたものを鵜呑《うの》みにしない姿勢が大事）
3. 優先順序（自分の効率、好み）のための工夫をする（個人最適を目指す気持ちを忘れない）
4. リフレッシュを短時間で済ます工夫をする（効率化できるものは何でも試してみる）

↓

◎業務の効率化
1 ↓ **役割分担、外注範囲の拡大**（大局的な視点、応用力が失われないように）
2 ↓ **業務の仕分け法、指示の効率化**（ルールや指示側に大きな改善の余地があることは多い）
3 ↓ **業務の分割＋選択業務制度**（他社の失敗事例から学べる／社員の成熟度が大きい要素）
4 ↓ **オフィス環境改善、リモートワーク**（トップダウンで部分的導入から始めるのが正解）

▽できる秘書の上司対応術

上司は「とくに急がない」と言っていても、翌日の「できたか?」がある

1. 必ず一応の期限を確認する（回答がもらえない場合は、こちらから仮設定してみる）

2. 中間報告を入れて、期限と重要度をチェックする（変わることは当たり前と心得る）

3. 上司の指示のクセを知って、先回りする（感情による変化、確認すべきタイミングを測る）

←

◎顧客サポート

1 ↓ お客様の急ぎの程度を確認し、必要であれば対応を速める

2 ↓ 中間TEL、事後メールで、進捗・終了確認と満足度チェックをする

3 ↓ 「クレーム後経緯」を分析して、対応のバリエーション（速度、ステップ）を増やす

経験複写法で足りない場合は、フレームワーク転写法を試してみます。

フレームワークとは、共通して用いることができる考え方の枠組み、多くの人が磨きあげてきた**「考える仕組み」**です。フレームワーク転写法は、考える仕組みをテーマにはめ込む（転写する）手法です。有名なフレームワークには「3C分析」や「SWOT分析」などがあります。

【3C分析】顧客（Customer）、競合（Competitor）、自社（Company）という3つの「C」

で始まる視点で分析をして、事業の方向性を見いだすためのフレームワークです。次ページの表のように、提案先である「顧客」、ライバルとなる「競合」の設定のしかたで、いろいろなテーマに当てはめることができます。

【SWOT分析】自分たちの置かれている状況を、好ましい面と好ましくない面から整理するためのフレームワークです。内部要因としての「強み」「弱み」と、外部要因としての「機会」「脅威」に分かれます。次ページの表では、実際に行ったワークの例を挙げています。SWOT分析の詳しい知識がなくても、表を埋めながらディスカッションしていくと、考えが整理でき、発想も生まれやすくなります。

フレームワークを使ったことがなくても、カンタンな解説であればネットから情報も得られます。発想を広げる目的なら、使いながら上達していくというレベルで十分役立ちます。ぜひ試してみてください。

▽専門分野のフレームワーク

専門分野には、当たり前のように使われているフレームワークがたくさん存在します。一般化している「考える仕組み」をうまく転用できれば、話がより腹落ちするものになります。

3C分析

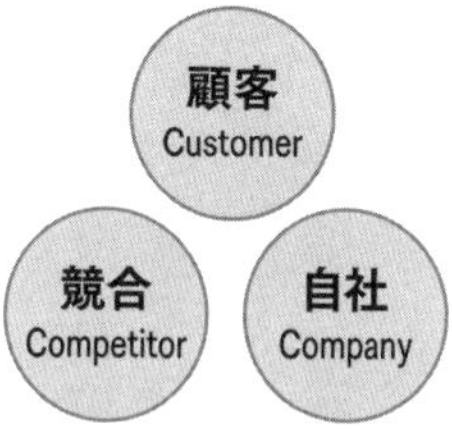
顧客
Customer
競合
Competitor
自社
Company

「顧客」と「競合」の設定しだいで応用範囲は広がる

自社として、どこで勝負するか、どういう戦略で闘うかという観点で、発想する

商品開発	顧客	求めているサービスは?
	競合	提供しているサービスやその不足は?
	自社	優れているところは?
人材獲得	顧客	人材紹介会社(候補者)
	競合	高い給与、定着率の悪さ
	自社	キャリアをつくれる、採用の可否が速い
事業コンペ	顧客	組みたい有力パートナー
	競合	実績と知名度、資金力
	自社	拡大スピード、社長自らプレゼン

SWOT分析

強み (Strength) **S**	弱み (Weakness) **W**
機会 (Opportunity) **O**	脅威 (Threat) **T**

強み 超一等地のオフィス	弱み 知名度・実績の低さ
機会 市場の急拡大	脅威 競合の増加

●ワークの事例

ネット系サービス会社:
若手社員の
営業アイデア出し

体育会系の営業会社:
SWOTを使うことで、
営業に使える自社の
強みに気づいた
現場の若手のなかで、
戦略として共有できた
ことが大きい

	超一等地のオフィス	知名度・実績の低さ
急拡大	立地を活かして、顧客をオフィスに呼ぶ。交通利便性で営業効率を高める。	早く大きくなったもの勝ち。市場以上の成長で、競合から抜け出す。
競合	サービス内容では差はつかない。迅速対応と心地よさで差別化を図る。	ここでの勝負を抜け出せなければ「死」。

【投資と費用】会計分野のフレームワークです。投資も費用も、お金が出ていくことに変わりはありませんが、投資には、将来それ以上の価値となって返ってくる、という期待があります。「あなたの給料は経営者にとって『投資と費用』、どちらの色合いが濃いでしょうか」。「昨日一日に費やした時間は、投資的な使いかたでしたでしょうか？ それとも費用的でしたでしょうか？」といった具合に転用することが可能です。

【広告とPR】広告は「料金を払って広告枠を買う」、PRは「『受け手に価値ある情報』として掲載してもらうことを目指す」という違いがあります。受け手にとっては、PRによって届く情報のほうが客観性、信頼度は高くなります。あなたがいま行っている売り込みは、広告とPR、どちらとして受け止められているでしょうか？ 明日の面談では、戦略的に広告とPRのどちらを意識したプレゼンテーションを用意しているでしょうか？

【需要と供給】常識を外すという観点で役立つフレームワークもあります。需要と供給の関係で価格と売れる数量は決まるものですが、これはたくさんの売り手と買い手を前提としたマーケット（完全競争市場）での話です。競争を逃れれば、高い利益を目指すことができます。独占、差別化、情報格差などをどうやってつくるかという発想になります。

「失敗法則」もシェアしよう！

異なる経験からは「成功」だけでなく、「失敗」のパターンも学べる

フレームワークを使えば、課題、目標がカンタンにあぶり出せる

シェアや学習がディスカッションのなかでできる、超お得な方法だ

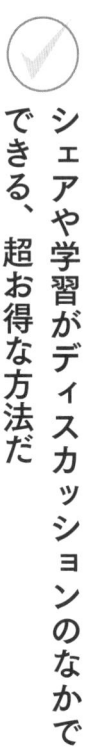

No.18

「赤ペンチャート」で専門家から最良のアドバイスを引き出せ

専門家や社内の経験者から情報をもらうために、ヒアリングに行く機会があります。

訊きたい項目のリストを持っていくのですが、欲しい情報がうまくもらえなかったりします。

「おっ！」と思うような良い情報は、なかなか手に入りません。

「どうすれば、限られた時間で忙しい専門家から良いネタを仕入れられるのか？」

そういう課題に直面してできたのが「赤ペンチャート」です。

赤ペンチャート作成にあたっては、まず次のようなヒアリングの方針を立てます。

1. 質問項目には、「目的」と「回答例」をつける

2. 「ランク表」や「点数表」など、回答しやすくなる仕組みを入れる

3. 訊きたい点が、その分野の「どのあたり」のことかを図解して示す

4. 自分の経験や視点、とくに訊きたいポイントがあればメモし、アドバイスを求める

基本精神は、**「ストレスなく、ムダなく、ノリ良く答えてもらう」**です。

1により、どういう答えが必要なのかを、回答者が理解しやすくなります。

ヒアリングは一工夫する

1.質問項目

× 「プレゼンで重要なことは?」

↓ 単純な訊き方では役立つ答えは得られない

○ 目的＝事業コンペのプレゼンで勝つ

「プレゼンで重要なことは?」

→勝つためには決め手になるスライドが大事

2.ランク表で答えてもらう

「重要度」がヒントになって答えが出やすくなる

プレゼンで重要なことは?(A:超重要　B:必須　C:できれば準備)

項目	重要度	コメント
(例)決め手になるスライド	A	この一枚で「YES」と言わせる
(例)設計図をつくる	B	効果的なストーリーから始める
(例)聞き手の記憶に残す	A	締めスライドはインパクト重視

3.訊きたいエリアを示す

「必要のないエリア」(灰色)も示しておくと区別しやすい

態度・目線 話し方 会場準備	スライド作成法 (パワポ、色、 配置)	論理思考 図解の方法
聞き手を惹きつける方法		

2は、回答のしかたをカンタンにして、ストレスを減らす仕組みです。

3によって、質問者がどれぐらいその分野のことを理解しているかがわかります。

4では、経験や独自の視点をキッカケに話を伸ばし、深い答えを引き出します。


「赤ペンチャート」は次ページのように作成します。

方針4で述べたメモ、その他思いついたことを、備考欄に手書きで記入しておきます。


質問中は、自分の手持ち用として扱いながら、中身が専門家の目に留まるようにしておきます。タイミングを測って、

「先生、じつは『ココ』のところなのですが」と言って、チャートを見てもらいます。

「どう思われますか？」と、赤ボールペンを手にして、相手のコメントを待ちます。

アドバイスや意見は100％の確率でもらえます。経験的に半分以上の専門家が、自分で赤ペンを持って添削してくれます。


赤ペンチャートをつくるコツは、「顧客志向」です。

ストレスは与えない、気持ち良く答えてもらう、興味・関心を惹く、熱意を見せる。

真摯な気持ちで臨めば、「ネタ」だけでなく、良い人間関係という大きいオマケも付いてきます。

赤ペンチャート

質問者の手持ち用です。回答者のコメントを記入していきます。
訊きたいポイントや疑問などを備考欄にメモ書きしておきます。
補助ツールですが、専門家に見せれば回答のヒントとなります。

目的:事業コンペのプレゼンで勝つ

Q1. プレゼンで重要なことは?(A:超重要　B:必須　C:できれば準備)

項目	重要度	コメント
(例)決め手になるスライド	A	この一枚で「YES」と言わせる

備考:
設計図がつくれないか?　納得感を得るには?
どうすれば記憶に残るか?

Q2. どういう準備が必要か?

項目	重要度	コメント
(例)キーパーソンを調べる	A	キーパーソンに響く要素を盛り込む

備考:
聞き手の情報の集め方は?　効果的な練習方法は?
プレゼンターとしての気持ちの持ちかたは?

Q3. コツは?　注意すべきことは?

項目	重要度	コメント
(例)質疑応答の時間を十分にとる	B	「想定Q&A」をまとめておく

備考:
聞き手に質問するコツは?　重い空気を変えるには?
スライド以外に良いツールはないか?(模型など)

回答しやすくする

（太字は専門家からのコメント）

点数表（住宅地の評価）

	点数	コメント
A	**5**	**高評価の住宅地**
B	**2**	**商業施設撤退が影響**
C	**10**	**駅前再開発で評価↑**
D	**3**	点数をつけることで、回答者自身が理由を考えるようになる。点数を基準に評価の違いも訊きやすい。
E	**4**	

イメージ（エリアの評価）

写真や絵を見てもらいながらだと、コメントが出やすい。他との比較でも、「交通の便」「施設の有無」「景観」「街並み」などキーワードが浮かびやすくなる。

連想（交渉術）

風 疾《はや》きこと 風の如く **交渉の前に周りを固めておく**	**火** 侵掠《しんりゃく》すること 火の如く **論理と事実の積み上げで詰める**
林 徐《しず》かなること 林の如く **切り札は「決め」まで取っておく**	**山** 動かざること 山の如し **感情的な反応や威圧的な態度にも動じない**

分類（立地評価）

- **人口**　**増加傾向が今後も続く**
- **アクセス**　**新線が接続し、都心に直結**
- **競合**
- **シナジー**

商業施設の立地なら、考えるべき要素を分類しておく。具体的なコメントが得やすい。

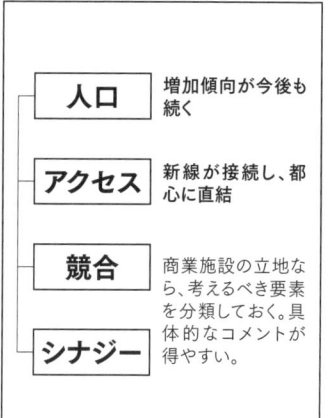

「インタビュアー」として一目置かれよう！

- 抽象的過ぎる質問に普段から辟易している専門家は多い
- 絞られた質問、勉強をしている質問者には熱心に答えてくれる
- 新しい視点、発想には強い興味を持っている。刺激を提供しよう

No.19

「5層式尋問チャート」で独自性をあぶり出せ

あなたがチームリーダーなら、仲間や部下の独自性を引き出す「すごいチャート」を使ってみたいと思いませんか？「5層式尋問チャート」をご紹介します。

チャートを使ったインタビューの例を見てみましょう。

Q「君が今までで一番成功したこと、これには自信があるっていうことはなにかな？」
A「自信があることですか……プレゼンテーションですね」
Q「プレゼンか。じゃあ、プレゼンのどんな場面が一番得意？」
A「そうですね、最重要スライドを説明しているときでしょうか」
Q「どうしてそれがうまくできるのかな？　自信の源はなに？」
A「『言葉の使いかた』を工夫しますね。それで聞き手を惹きつけます」
Q「言葉の使いかたか。それにはなにかコツがあるの？」
A「ええ。聞き手に響くような『強い言葉』を見つけることですね」
Q「なるほど。ところで強い言葉ってどうやって見つけるの？　なにか人と違うやり方があったら教えてくれるかな？」
A「思いきり考えた後、本を読んだり、散歩したりして、ヒラメクのを待ちます。他の分野か

尋問形式で答えを引き出す

テンポ良く訊く 答えやすい質問	1. あなたがいままでで一番成功したことは？ 2. どんな場面でうまくいきましたか？
訊く前にワンテンポ置く 一緒に考える感じで	3. なぜそれがうまくいきましたか？ 4. なにがコツなのでしょう？
追い詰める刑事のように	5. どうやって見つけるのですか？

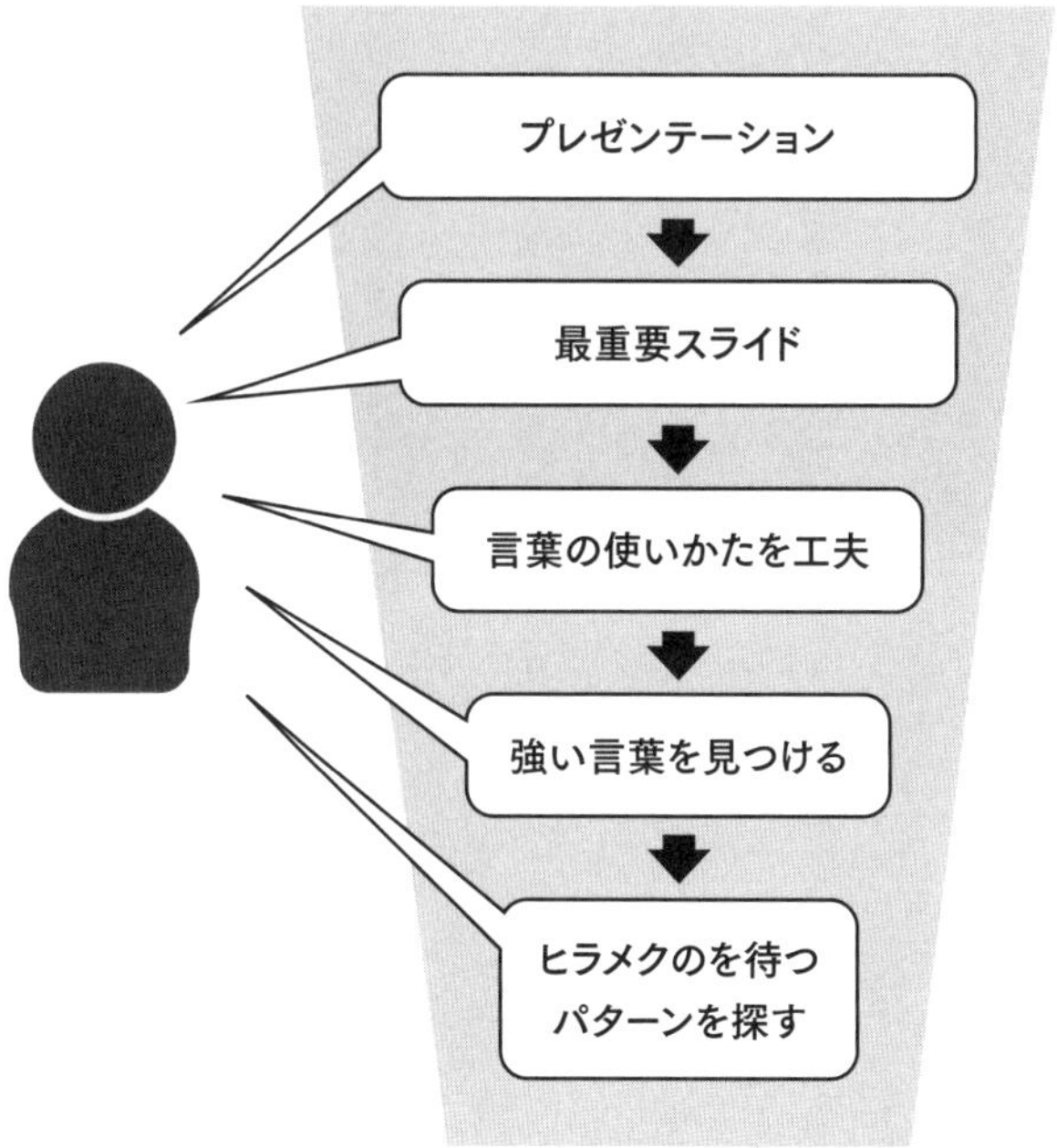

ら強い言葉を集めて、なにかパターンがないか探すこともありますね」

最後の答えを見てどう思われるでしょう。**しつこく質問を重ねていくことで、その人らしさや、その人の強みとなっているところが見えてくる**のがわかりますか？

自分自身のことを掘り下げるのは、カンタンではありません。質問をもらいながら、それに乗っかるかたちで探索していくほうが、圧倒的に効率が上がります。

質問は、5層進めばだいたい核心部分（独自性）にたどり着きます。いきなり、3層目の質問からスタートすることもあります。

逆に、次の層に行けなければ、何度か同じ層で質問を繰り返します。


1層目／ほとんどの場合、一般的な答えしか返ってきません。

2層目／具体的な「場面」を訊くことで、回答者の頭のなかでイメージが広がり始めます。質問者も回答者と場面を共有することができます。

3層目／「なぜ」うまくいくのかを訊きます。このあたりからは、言葉を換えて（「自信の源」）質問するのも有効です。回答者の脳が違うポイントから刺激されて、発想が出て

5層式尋問チャート

「成功したことは?」

「自信のあることは?」

「ほめられたことは?」

1層

「どんな場面でしたか?」

「なんと言ってもらえましたか?」

「どんな分野ですか?」

「なにか得られましたか?」

2層

「なぜそれがうまくできるのですか?」

「自信の源は?」「技があるのですか?」

「なぜ失敗しないのですか?」

「『〜がスゴイね』と言われませんでしたか?」

3層

「なにがコツですか?」

「どこがツボでしょうか?」

「なにか秘訣があるのですか?」

4層

「独自のやり方?」「あなたならでは?」

「人と違う?」「同じでは?」

「他には?」「スゴイところは?」

「隠さないで!」

5層

きやすくなります。

4層目／「コツ」「ツボ」「秘訣」などの言葉を使って掘り下げます。ここまでくると、回答者自身も、どこを目指せばいいのかが見えてきます。

5層目／トドメの質問です。独自性、人との違いを言葉化します。「決定的に違う」「あなたならではの」などの言葉で、回答者の心を強く刺激すると、答えが出やすくなります。すこし圧迫気味ですが、「他の人と変わりませんね。もっとなにかあるのでは？」は、もう一歩踏み込みたいときに有効です。

チャートを使った例

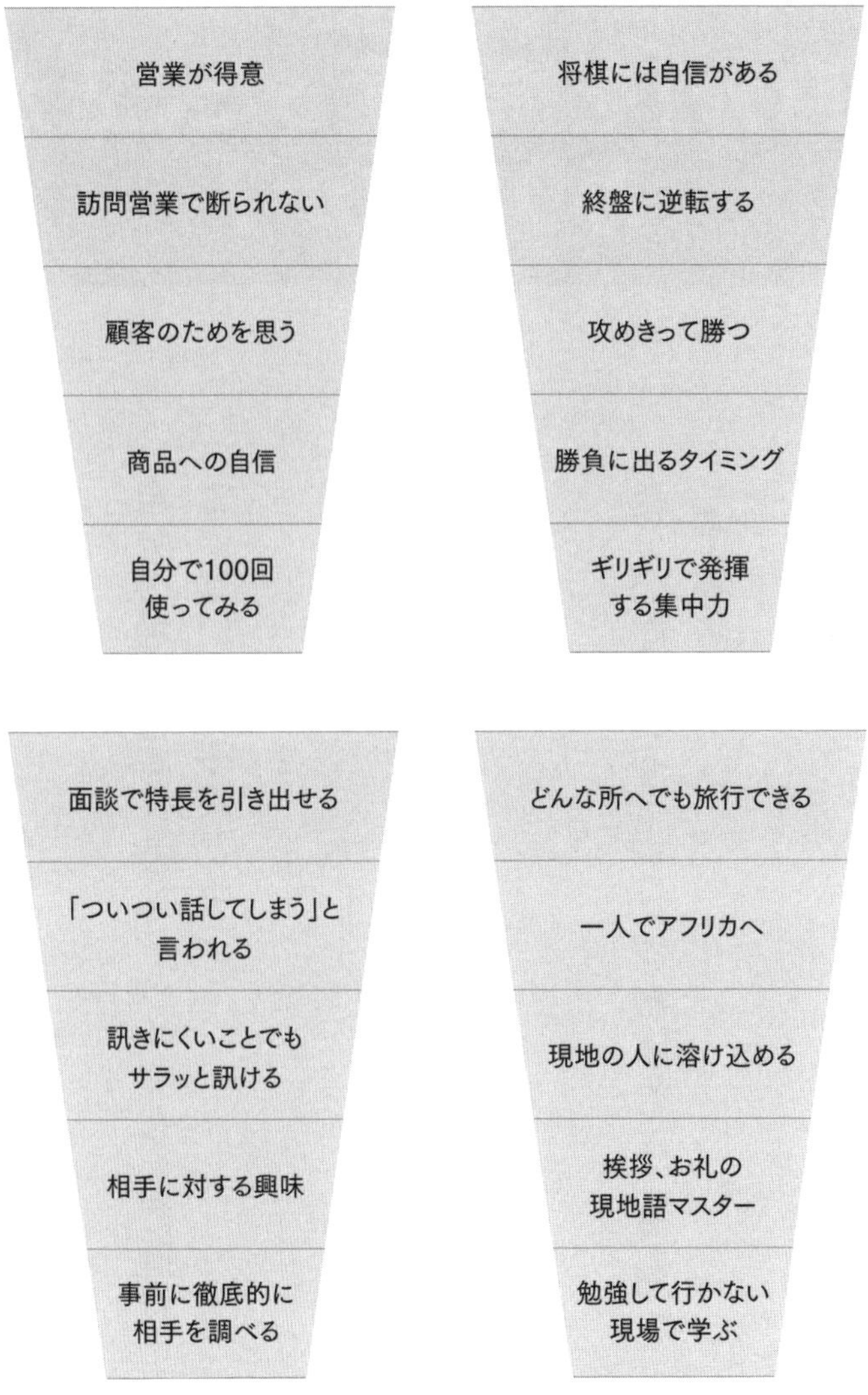
営業が得意
訪問営業で断られない
顧客のためを思う
商品への自信
自分で100回
使ってみる
将棋には自信がある
終盤に逆転する
攻めきって勝つ
勝負に出るタイミング
ギリギリで発揮
する集中力
面談で特長を引き出せる
「ついつい話してしまう」と
言われる
訊きにくいことでも
サラッと訊ける
相手に対する興味
事前に徹底的に
相手を調べる
どんな所へでも旅行できる
一人でアフリカへ
現地の人に溶け込める
挨拶、お礼の
現地語マスター
勉強して行かない
現場で学ぶ

真剣に「自分」を振り返ったことがありますか？

自分の独自性を、抽象レベルでしか把握していない人が多過ぎる

人の独自性のほうが見えやすい。誰かと一緒にやってみよう

自分の商品、サービスを徹底的に「尋問」してみよう

No.20

「価値観の違い」を甘く見るな

フランス系小売業カルフールにいたときの話です。当時カルフールは、世界26カ国に展開していて、売上がウォルマートに次いで世界第2位のスーパーマーケットチェーンでした。

プロジェクトの本格スタートにあたり、世界中から社員が派遣されてきました。人種も文化もバラバラです。外資系の参入がめずらしい業界だったこともあり、社内あちこちでコミュニケーションの問題が起こっていました。

同じときに、縁あって小学校のＰＴＡ会長を務めました。ＰＴＡも、校長先生、先生、保護者という違った文化を持った人たちの集まりです。組織のなかの混乱ぶりは、外資系スタートアップにヒケを取りません。

外資系とＰＴＡ、2つの組織には、よく似た点があります。どちらも、人の「価値観」にとても敏感な組織だということです。価値観が違うと、何に重きを置いて判断するかが変わってきます。目標は同じなのに、という場面にたくさん出会いました。

プロジェクトを進めるメンバーには、１３４ページのような「価値観」がよく表れます。

価値観が違うと、どんなことが起こるのでしょうか。

（カルフール／取引先との商談の後）
「もっと強気で交渉して、姿勢をハッキリすべきだ」［ファイト］フランス人
「少し譲歩してはどうか。長期的には良い結果になる」［リレーション］日本人
『強い交渉をすることで、逆に敬意を払われる存在になる』という価値観と、『長い付き合いがあってこそ、互いにムリを言い合える』という経験からくる価値観。
現場では、価値観の差には目が行かず、「弱気なやつだ」vs「ムチャばかり言う」という、相手を否定する方向に話が流れがちです。

（PTA／新しく提案された行事）
「そんなに行事ばかり増やしたら、やる人がいなくなる」［アレンジ］適正化する
「地域の人との関係も良くなるし、子どもたちも喜ぶ」［ビジョン］実現すべきもの
『PTAに関わる人が減っている。無理なく続けられることが大事』という判断と、『PTAの役割をしっかり果たしていかないと』という強い思い。
どちらも、子どものためのPTA活動を大事に思っているのに、「続けていけなくなる」vs「求められてやらないなんて」と、話がかみ合いません。

価値観は人によってさまざまです。対立しやすい価値観というものもあります。

「こんな価値観もあって、だからああいう発言になるんだ」というところまで観察すれば、発言への理解のしかたも変わってきます。互いの価値観に少し寄って話すことができれば、話し合いは意外なくらい前を向いて進んでいきます。

次ページから、まず、どんな価値観があるのか、その分類と、それらがぶつかり合うことでより良い関係ができていく流れを説明します。

プロジェクトメンバーそれぞれの価値観

1. コミュニケーション 人と理解し、 共感し合いたい	**2. ファイト** 競争で磨かれる、 成果は重要	**3. シンキング** 一つの事柄を深く 考える
4. プロフェッショナル 自分を最善の 状態へと磨く	**5. エンジン** まず行動する →考える	**6. リアリティ** よく観察して リスクを避ける
7. オブジェクティブ 目標達成への 強い気持ち	**8. アイデア** 直感を重視する、 組み合わせる	**9. ポリシー** 個人の能力を 最大限活かす
10. ビジョン 理想の実現を 信じるパワー	**11. ストラテジー** 状況判断し、 独自の戦略を取る	**12. アナリスト** 徹底した分析が 本質を導く
13. フェア すべての人に 公平なチャンス	**14. リレーション** 人との関係を 重視する	**15. エモーション** 人の気持ちを察する
16. パーフェクト 秩序正しく計画的、 責任感	**17. アレンジ** 混乱は収拾し、 適正化する	**18. フレキシブル** 素早い判断と 切り替えを重視

「価値観」「強み」に関しては、『さあ、才能(じぶん)に目覚めよう』（マーカス・バッキンガム、ドナルド・O・クリフトン著、田口俊樹訳 日本経済新聞出版社 2001年）に詳しい解説がなされている

価値観の違いを乗り越える

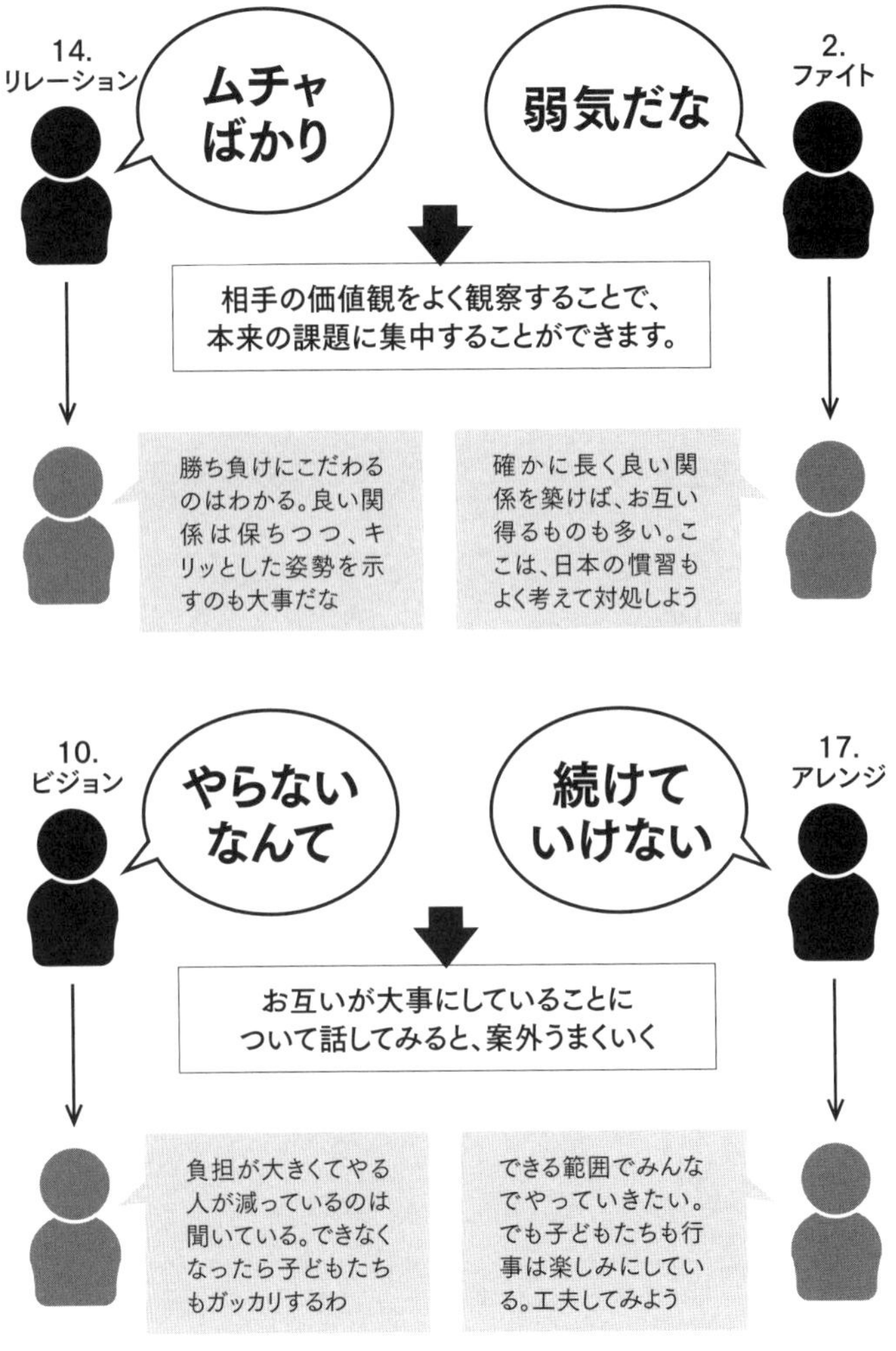
14.
リレーション
ムチャばかり
2.
ファイト
弱気だな
相手の価値観をよく観察することで、
本来の課題に集中することができます。
勝ち負けにこだわるのはわかる。良い関係は保ちつつ、キリッとした姿勢を示すのも大事だな
確かに長く良い関係を築けば、お互い得るものも多い。ここは、日本の慣習もよく考えて対処しよう
10.
ビジョン
やらないなんて
17.
アレンジ
続けていけない
お互いが大事にしていることに
ついて話してみると、案外うまくいく
負担が大きくてやる人が減っているのは聞いている。できなくなったら子どもたちもガッカリするわ
できる範囲でみんなでやっていきたい。でも子どもたちも行事は楽しみにしている。工夫してみよう

ぶつかり合う価値観

他にもいろいろなケースが考えられます。観察してみてください

1. コミュニケーション ✖ 9. ポリシー	＝	場面や状況に応じて任せ合えば、チーム全体が力を発揮しやすい
4. プロフェッショナル ✖ 13. フェア	＝	共存してこそ強いチームが成り立つ。互いに必要不可欠だと認め合う
6. リアリティ ✖ 8. アイデア	＝	可能性を信じる気持ちと、冷徹に実践できるかを反対の立場から考えてみる

「価値観」の違いを甘く見ていないか？

- じつは課題よりも前に、考え方の違いでぶつかる人が大多数
- 時間切れ間近になって、やっと互いに歩み寄るというムダ
- 価値観の把握から入れば、数倍スピードアップする

No.21

「強みと技術のマトリクス」で現場アクションを発見せよ

「メンバーの強みをもっと活かしたい」「チーム内で個々の力をもっと発揮して欲しい」リーダーのそういう悩みをよく聞くことがあります。

強みや技術が、現場でのどんな「アクション」に結びついているかを見つけることができると、答えが見えやすくなります。

１３４ページで示した価値観は、ビジネスの場では「強み」となって表れます。強みと技術をかけ合わせて、**「現場アクション」**のかたちでイメージできれば、実際の仕事への活かし方がわかります。

次ページの図を見てください。図のヨコの切り口「ストラテジー」と「コミュニケーション」は強みを、タテの切り口「調整」と「プレゼン」は技術を表しています。

この図はマトリクス図と言って、関連する要素（切り口）がタテとヨコの軸に分類されています。「考えを整理・分類する」「かけ合わせて発想を生む」「軸で分けられたエリア上の位置（ポジショニング）を示す」などに用いられます。

強みと技術のマトリクス

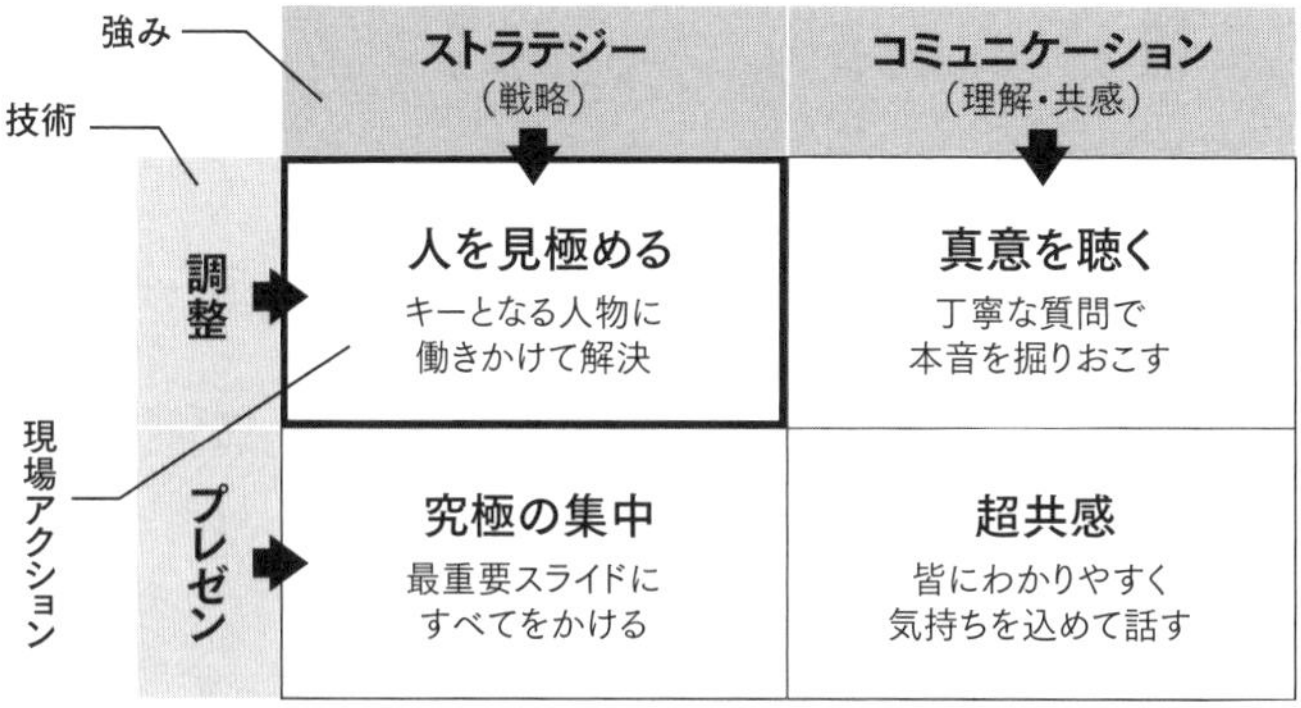
強み
技術
ストラテジー
（戦略）
コミュニケーション
（理解・共感）
調整
人を見極める
キーとなる人物に
働きかけて解決
真意を聴く
丁寧な質問で
本音を掘りおこす
現場アクション
プレゼン
究極の集中
最重要スライドに
すべてをかける
超共感
皆にわかりやすく
気持ちを込めて話す

強みと技術のマトリクスでは、両者のかけ合わせが現場アクションとなって現れます。例えば、自分の強みは**「ストラテジー」**、技術は**「調整」**だとします。

ストラテジーは、ものごとを戦略的に考えられる強みです。難しい調整をこなしたことがあるなら、調整する技術があるとわかります。

次に、うまくいった状況で、2つのかけ合わせで、どんなアクションが現れていたのかを考えます。重要人物にアプローチして調整するという戦略を考え、そういう人物を見つけ出したなら、**「人を見極める」**というアクションとなって現れたことになります。

現場アクションは、成功体験になることで、繰り返されやすくなります。

そうすると、元になっている「強み」「技術」がますます磨かれ、アクションもより頻繁に現れる、という**良いサイクル**が生まれます。

このマトリクスは、強み、技術、現場アクションのどこからでも始められます。**「真意を聴く」というアクションが、どんな強みと技術から現れたのか？　という視点からタテ軸とヨコ軸を埋めていく**ことができます。**各項目の発見法**にもなるわけです。

私はサッカーをよく見るのですが、タレントを集めた国の代表チームに、一クラブチームが勝つことは珍しくありません。選手が互いの現場力（アクション）をよく理解していれば、個々の力では相手に劣っていても、総合力で勝利することができるのです。

チームのメンバーと、現場アクションを見つける時間をぜひ持ってみてください。メンバー同士で互いの強みや技術を理解すること、そして、そこに至るコミュニケーションから、意外な気づきが得られます。

新企画や立ち上げプロジェクトに、自分を売り込むという機会があると思います。そんなとき、**知識や経験といったインプット系の要素は、相手に対して説明しやすい**ものです。事実として文章化することができ、裏づけも取りやすいからです。

チームの現場アクション

メンバーの現場アクションが見えると、戦略イメージがしやすくなる

	強み
技術	現場アクション

	ビジョン（理想）
交渉	**敵を魅了する** 双方の利益への実現案を語る

	リレーション（関係）
指導	**人を触発する** 自発的に学ぶ仕組みを開発

	ファイト（成果）
巻き込み	**味方を増やす** 成果につながる提携先をGET

	アイデア（組み合わせ）
段取り	**超効率化する** すべての会議を共通フォーマット化

	オブジェクティブ（目標）
管理	**100%達成する** プロジェクトの進捗を週単位で公開チェック

自分を売り込む

自分がコレと感じる強み、技術から現場アクションを導き出す
現場アクションを丁寧に伝えたあとで、強みや技術について語る

	ホスピタリティ（もてなし）	リーダーシップ（統率）
交渉	**敬意を払う** 交渉であっても心地よさに配慮して接する。争う姿勢ではなく、ビジネスと捉える	**直接交渉する** 交渉は最高のコミュニケーションの場でもある。ここ一番は自分で決める
チームづくり	**動機を測る** メンバーのヤル気を第一に考える。動かすのではなく、一緒に動く	**会議を仕切る** 会議はプレゼンテーション。「会議」という言葉にとらわれず、感性で場を創造する

しかし、強みや技術といったアウトプット系のものは、「私はこういう強みがあって……」と言っても、なかなか伝わりません。**どんな現場アクションができるかを、まず示す必要があります。**その後、そのアクションがどういう強みや技術に基づいたものであるかを話すようにしてみてください。

自分の強みや技術を、周りに示すことで、**事業遂行能力の信頼度が高まります。**みんなが感じたあなたの強み・技術が、新しい仕事（機会）をもたらします。

ビジネス技術の例

下記にとらわれず、持っている「技術」について洗い出す機会を持ちましょう

営業	管理	交渉	デザイン
巻き込み	学習	会議	統率
サポート	転換	指導	調整
観察	実行	段取り	効率化
紹介	情報収集	依頼	危機回避
拡散	PR	風を読む	ボケ／ツッコミ

ユニークな現場アクション

「こういう発想もある」という、実際のワークであった事例

パーフェクト
（秩序）

現場勘

冷静に対処する
クリエイティブ業界
強みは計画性、現場は常に混乱／両極を見据える冷静さ

ポリシー
（能力を活かす）

効率化

逆算して動く
プロジェクトマネージャー
強い個性のメンバー→効率化／突発的な事象を予測する力

シンキング
（考える）

デザイン

結晶化させる
PR、広告を担当
限定されたスペースに意味を込める／思いを結晶化した言葉

アイデア
（直感）

巻き込み

体当たりで惚れる
経営者特化のコンサル
これだ！と思ったら、巻き込まれに行く／基準は惚れること

「45分間」いまから4人でやってみる

- セッションとしては、4人で45分がベスト。とにかくやってみよう
- 強み・技術・アクションは、プレゼンして全員でシェアしよう
- 互いのアクションの理解は、協働スピードを高速化する

No.22

発想のスイッチを入れる「ブランク・フォーマット」

「発想を高めたい」「いろいろ考えはあるが、プレゼンに表現できない」「話すとなると言葉が出てこない」そのようなことはありませんか。

インプット（内容）、スイッチ（きっかけ）、アウトプット（表現）、のなにが足りないために、アイデア出し、プレゼンが難しくなっているのかを考えてみましょう。

意外にスイッチの重要さを見落としているのではないでしょうか。

スイッチを強化するツール「ブランク・フォーマット」をご紹介します。

絵や図、写真にブランクを設け、フセンを貼れるようにしておきます。

言いたいこと、考えていることと、写真や図を結びつけて、浮かんだことをフセンに書き込みます。4~5枚をワンセットにして、プレゼンをつくってみましょう。

アイデアや言葉は、なにかをきっかけにスイッチが入ると出てくるものです。スイッチなしで考えるから、苦しい思いをするわけです。**自分のスイッチが入りやすい写真や絵を見つけ出すことがポイントです。**

アイデア出しに使うときは、写真や絵のシートを大量に用意して、次々と目の前を流していきます。なにか思いついたら、即座にフセンに書いて貼り付けましょう。短時間で大量のアイ

ブランク・フォーマット

写真にブランクを入れたものを数枚〜十数枚用意します。
参加者は好きな写真を選んで、コメントしたフセンをブランクに貼り付けます。

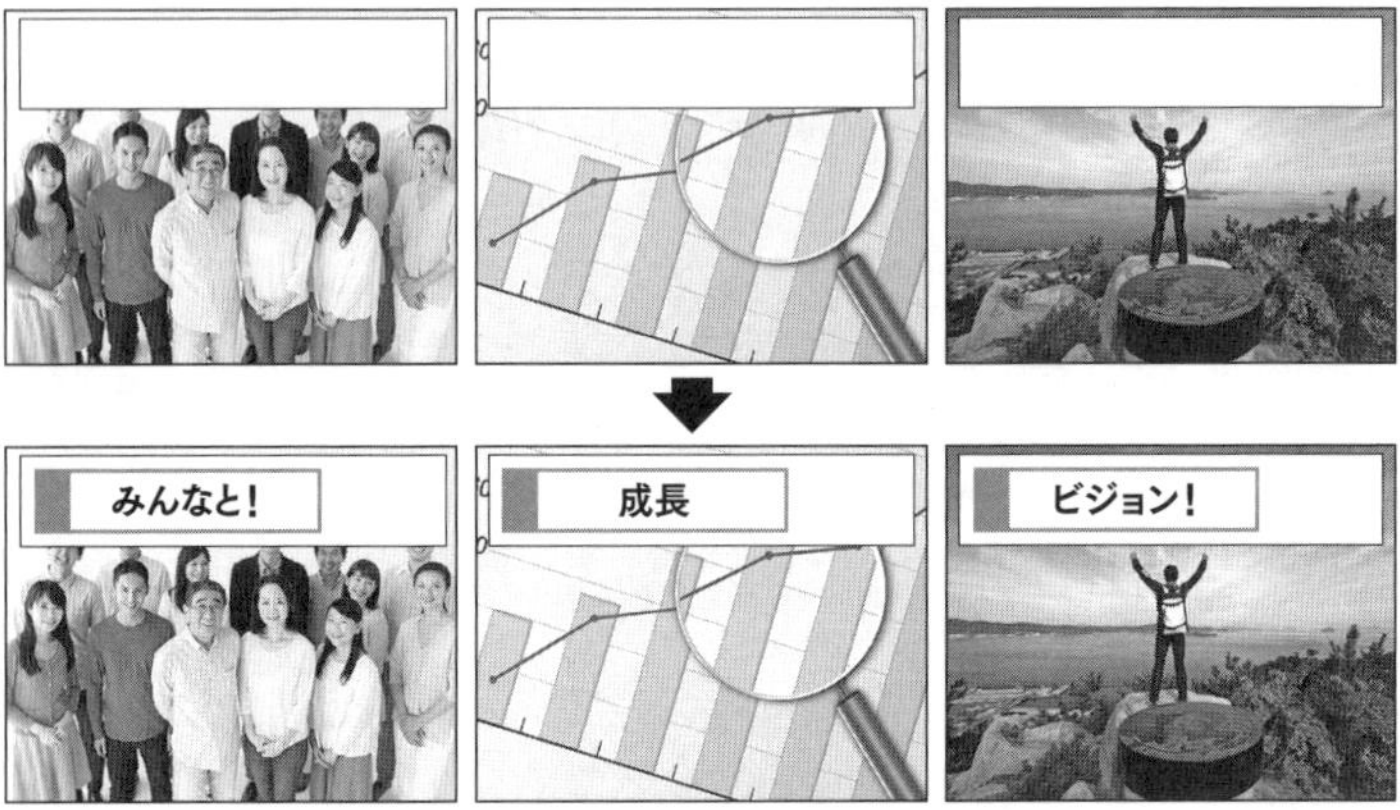

デアを引き出すことができます。
この方法はみんなでワークをする場合に向いています。遊び感覚でやれば発想も広がりやすいです。

▽スイッチを強化する

皆さんでしたら、上のブランクにどんな言葉を入れますか？

・「**世界中**」にニーズがある→「**売上**」が急上昇→一気に「**シェア**」を広げる
・一人ひとり「**ニーズは異なる**」→本当にいまの伸びが「**続くのか？**」→「**広い視野**」でマーケットを見てみよう
・多くの「**仲間**」たちと→十分な「**実績**」→「**チャレンジ**」は続く

いろいろなパターンが考えられます。
同じ写真でも人によって入るスイッチは違っ

てきます。また、写真が変われば、自分のなかの別のスイッチが入るかもしれません。絵や図、インパクトのある言葉を使っても、写真と同じようにスイッチを強化することができます。

いろいろ試してみて、自分に合った強化法を見つけてください。

プレゼンのスライドを作成するとき、頭のなかで「言葉」→「ビジュアル」、あるいは、その逆をイメージして作業していないでしょうか。

ブランク・フォーマットは、頭のなかの作業を外に出して「言葉」↕「ビジュアル」の作業をサポートするツールです。

プレゼン経験が少ない方でも、写真にしたがってストーリーを進めていけるので、あまりストレスなくプレゼンがつくれてしまいます。

フセンは重ね貼りをすれば、何パターンかを比較するときに便利です。空白のフセンを貼り付ければ、ブランクをつくって印刷する必要もありません。

「スライドシェア」というWEBサービスには世界中のユーザーがアップした、ユニークなスライドが集まっています。参考にしてみてはいかがでしょうか。

キーワードを工夫すれば、画像検索や写真素材サイトでも、思ったようなイメージが見つかると思います。アイデア出しに困ったら、ザッと眺めてみるのもよいでしょう。著作権フリー

ワーク例

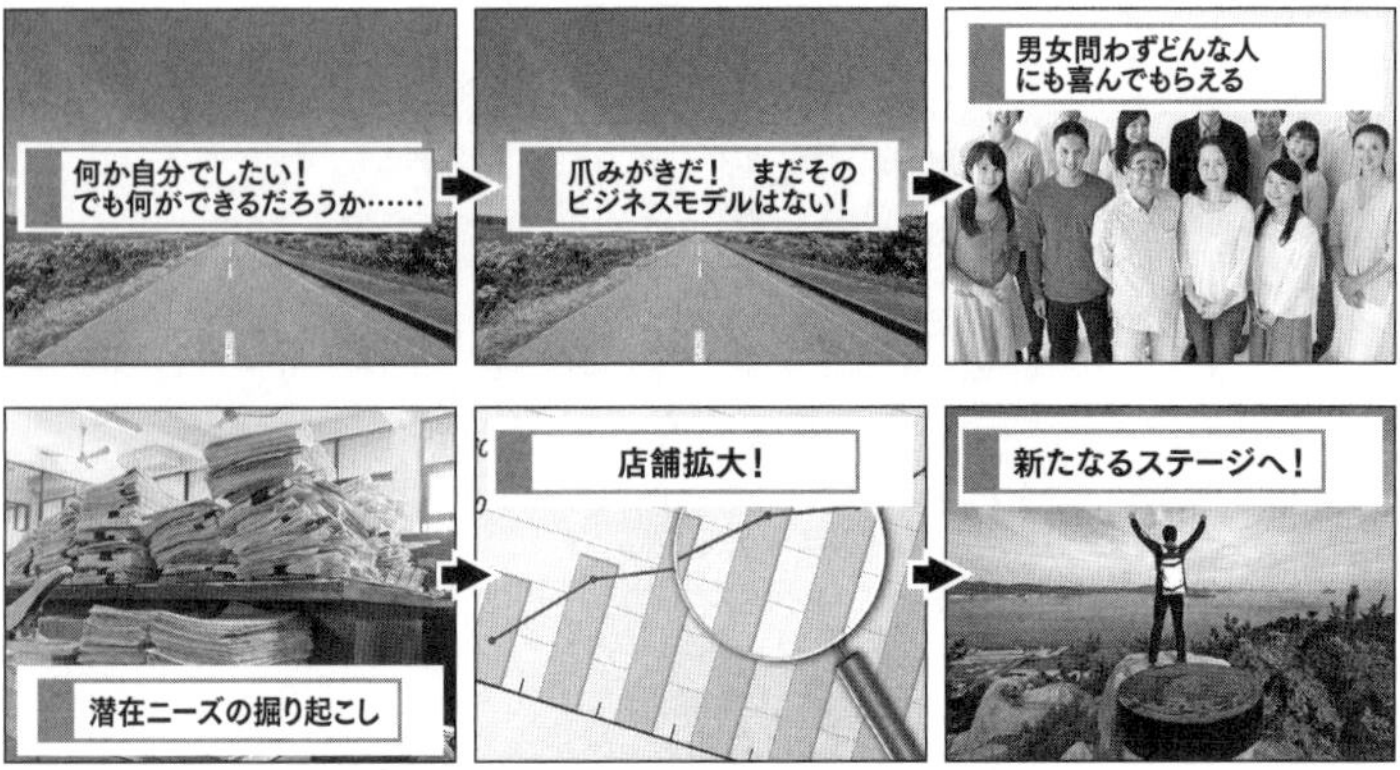
何か自分でしたい！
でも何ができるだろうか……
爪みがきだ！　まだその
ビジネスモデルはない！
男女問わずどんな人
にも喜んでもらえる
潜在ニーズの掘り起こし
店舗拡大！
新たなるステージへ！

のものもありますので、活用してください。

使える画像キーワードのジャンルを挙げておきます。

【動物】 表情や動きがイメージにつながりやすいです。「速い」「走る」などの形容詞や動詞と組み合わせて検索すると、欲しい場面がヒットしやすくなります。

【関心】 人の関心が高い「お金」「健康」「恋愛」など。量が多いので組み合わせで。

【ニュース】「挑戦」「発見」「未来」等の、ニュースにつながりそうな言葉。

スライドシェア：https://www.slideshare.net/

▽ストーリーテリング

ワーク例は、セミナーのなかで20分程度で考えてもらいました。

その後、3分間のプレゼンをやったのですが、皆自分でも驚くほどスムーズに、考えが言葉になっていました。

プレゼンテーションの重要な要素の一つに「ストーリーテリング」というものがあります。伝えたい思いやコンセプトを、印象的な体験談やエピソードなど、「物語」に込めるかたちで、聞き手に強く印象づける手法です。

ワークの参加者からは、「やってきたことや、考えていることが（物語のように）イメージしやすかった」という感想が多く出ていました。

良い写真にはストーリーテラー（話す人）を盛り上げる効果があるようです。


以前、プレゼンで「ビジュアルを使うのがうまいなぁ」と思う人に、スライド作成のコツを訊いてみたことがあります。

「人のスライドをたくさん見る」「マネしてつくってみる」「パターンをためておく」という答えでした。3つ目の答えはとくに重要だと思います。

絵や写真の記憶への定着、発想を刺激する力は、ツボにはまれば文字によるそれとは比べものになりません。

うまくプレゼンに活かせるよう、日頃から準備しておきましょう。

「写真×あなたのストーリー」が最強

勉強していて感じるとおり、文字と論理の記憶には限界がある

写真や物語ならどうだろう。忘れられないものがないだろうか？

あなただけのストーリーを写真に乗せてプレゼンしてみよう

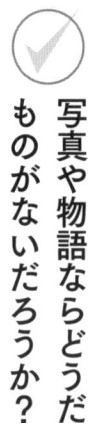

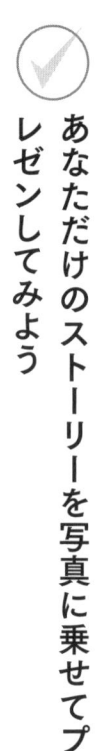

第4章

3秒会議術

No.23

最強アイスブレイク「YES／NOカード」で雰囲気をつくれ

皆さんは、アイスブレイクを使うことがありますか？

アイスブレイクとは、会議やプレゼンのはじめに、参加者の緊張をほぐし、気軽に話し合える雰囲気をつくるためのゲームやグループワークです。

アイスブレイクを試してみたいという方でも、簡単に使えるものを一つご紹介します。

用意するモノ：A5サイズの青と赤のカード、計2枚セットを人数分

（厚手のコート紙、プラスチックなど、硬めの材質のモノ）

参加者全員に2色のカードを配ったら、スタートです。

（ここから実況）

「皆さん、今から私が出す質問に、YESだったら『青』、NOだったら『赤』のカードを上げて答えてください」

「考え込んだりせずに、素早くカードを上げてください。判断力が問われます」

「よろしいでしょうか？……ではいきます」

（質問シートを読み上げていく）

1「朝は6時よりも前に起きることが多い……ありがとうございます、次です」

2「朝食はしっかり食べる方だ……おっ、分かれましたね。次いきます」

3「朝食は洋食より和食が好みだ……はい」

4「中華でもかまわない……（一人だけ青／全員赤）……○○さん、ここで青は予想外です／さすがにいらっしゃらないですね」

という感じで進めていきます。ここまでの所要時間は5分程度です。

「続けていきます。ここから少々ビジネス寄りになります」

5「自分は発想が理系寄りだ……えっ（この人が青!?）……失礼しました。次です」

6「会議はもっと効率的にできると思う……（青多数）……心がけます」

7「一発言1分以内というルールも面白そうだ……（青多数）……検討します」

8「今年度は収益率よりも売上拡大に目を向けるべきだ」

9「店舗数を増やすことより、一店当たりの売上を増やすことに集中すべきだ」

「以上です。有益な情報もいただきました。ありがとうございました」

これぐらいの質問数だと、7~8分で終了することができます。

お気づきかもしれませんが、質問は2つのパートに分かれています。

1~5は参加者の緊張をほぐすための**「ソフトな質問」**です。誰もが気軽に答えられるテーマを選ぶようにします。

質問6~9は**「狙いを持った質問」**です。

「効率良く」「発言は短く」という会議のルールを提示し、本題に関連するヒアリングもアイスブレイクのなかでやってしまっています。

「ソフトな質問」から「狙いの質問」へは、サクッと移るのがコツです。参加者が「えっ!」と思っている間に、ドンドン先へ進めましょう。

次の点を意識してやると、うまくいきやすいです。

- **カードは素早く上げてもらうように声がけする**
- **質問はテンポ良く行う**
- **軽い「ツッコミ」があるとGood!**
- **「ウケ」は狙わなくてもいい**

「ソフトな質問」の組み合わせ方

第1類

カードを上げながらやるとわかりやすい

「春（赤）と秋（青）なら、〜」のように

「春と秋なら、秋のほうが好きだ」

「コーヒーと紅茶なら、コーヒーを選ぶ」

「青と赤、どちらかといえば青が好きだ」

↓

第2類

3問セットの質問

関連がある質問は言葉が省略できてキレが良くなる

ラストを少しひねると次に移りやすい

「アイデアを練るなら、夜より朝がいい」

「早朝や深夜に、ヒラメクことがある」

「会議をするより、一人にしておいて欲しい」

「スピードより、正確さだと思うことが多い」

「とはいえ、期限を守らないのはダメだ」

「だから私は、いっさい遅刻はしない」

↓

第3類

徐々に本題に頭を切り替える

軽めの質問で回答者を安心させ「狙いの質問」へ

「歴史と数学なら、歴史のほうが業務に役立つことが多い」

「論理の左脳、感性の右脳といえば、私は左脳タイプだ」

「瞬発力と持久力、いまの業務でより必要なのは持久力だ」

「YES／NOカード」の優れた点として、
1．簡単に準備でき、短時間で済む
2．ゲームの気軽さのなかで、会議のルールを柔らかく設定できる
3．「二者択一」と「テンポ良く回答する」ことの、ウォーミングアップになる
4．会議本番に入ってからも、意見取りにツール（青赤カード）が使える

が挙げられます。いろいろ活用法を試してみてください。

▽お墨付きをもらう

新しいことや、いままでと違うことをやろうとすると、反発する人がいます。

そんなとき、「お墨付き」が効果を発揮します。

「○○部長に、アドバイスをいただきました」

「△△課長に、実験台になっていただきました」

「○○くん、△△さんと一緒につくってみました」

など、周りの人を巻き込みましょう。数人の仲間とリハーサルをやる、マズイ質問がないかチェックする、得意な人に部分的に司会を任せる、などはGoodです。「場」は、みんなでつくれば、盛り上がります。

▽一事が万事

8分程度とはいえ、60分の会議なら全体の約13％を占めます。アイスブレイクも戦略を持って取り組みましょう。質問はよく練り込んで臨んでください。本題に役立つものであれば、参加者に伝わります。取り組みの姿勢も変わるかもしれません。参加者は、常にMCの仕切りをチェックしています。古い言葉ですが「一事が万事」なのです。

いますぐ「二者択一」「質問」のキーワードで検索してみよう！

ソフトな質問でうまく乗せるのがコツ。まずは材料を集めよう

質問も何人かで考えると切れ味が良くなる。仲間を巻き込もう

狙いの質問では勢いに乗って、訊きにくい質問にも答えさせよう

反対者には「4W1Pヒアリング」「COFFEEトーク」で臨め

反対をするには相当なエネルギーがいるものです。じつは賛成している人よりも真剣度が高いケースが多いです。彼らとまっすぐに向き合うためのフレーズを紹介します。

まず、「4W1Pヒアリング」で相手の動機と状況を確認していきます。

1. WHY　なぜ反対しているのか
理屈があるのか、利害がからむのか、感情的なものなのかを聴きとります。

「なぜ反対なのですか?」

「どうなれば賛成できますか?」

「なにか一緒に取り組めることはありますか?」

2. WHO　周りにどんな人がいるのか
関係者、上司、親族など、周りでどんな人がどう影響しているのかのチェックです。反対なのか、中立的なスタンスなのか、賛成してもいいと思っているのか、状況を把握します。

「会社としての判断になりますか?」

「とくに議論になる点はどこでしょうか？」

「全員反対ですか？　〜なら考えてもいい、という意見はありませんか？」

3. WANTS　真に求めているものは何か
金銭やビジネス上の条件なのか、敬意を持った扱いを望んでいるケースもあります。

「解決方法としてなにが考えられますか？」

「全体として不満なことはないですか？」

「〜のことで意見をうかがえませんか？」

4. WHEN　期限はあるか
相手にとって決めなければならない時期があるか、決まらないとどうなるか、を具体的に訊いてみます。

「いますぐ結論を出す必要がありますか？」

「いつが判断するのに良いタイミングですか？」

「〜までに結論を出すということでどうでしょうか？」

5. PROBLEM　何か問題を抱えているか
経済事情、組織の意向、私的な事情など交渉に影響を与える要因をチェックします。

「この件に関してなにか問題（課題）はありますか？」
「～が課題になっている人もいます。～さんはいかがですか？」
「いま抱えておられる課題になにかマイナスになることがありますか？」

動機、状況の確認ができたら、出てきた要因に対して、一緒にどういう施策を取ればうまくいくのかを話し合います。

会話の際は、「COFFEEトーク」を心がけてください。

1. **C**OMMUNICATION　コミュニケーション
フレーズ例：**「ぶっちゃけて言いますが～」**
一度「腹を割って」話しましょう。こちらからぶっちゃけることが大事です。

2. **O**BJECTIVE　目的
フレーズ例：**「目的は同じです」**
なんとかして共通の目的を見つけましょう。相手の状況、気持ちになって考えます。

3. **F**REE　自由
フレーズ例：**「いつもありがとうございます」**

話しやすい雰囲気をつくりましょう。素直に「反対」する労力に感謝します。

4. **F**LEXIBLE　柔軟

フレーズ例：**「○○さんの立場で考えてみました」**

希望はできるだけ受け止めるスタンスで話します。まずは可能性を広げましょう。

5. **E**FFICIENT　効率

フレーズ例：**「○○以内にお答えします」**

答えは小分けにしてでもできるだけ早く返します。ダラダラ延ばすのは厳禁です。

6. **E**FFECTIVE　効果

フレーズ例：**「他の皆さんにも当てはまる悩みです」**

話し合いが計画に与える良い影響を伝えます。反対者の孤立感をなくしましょう。

反対している人の心はさまざまです。言っていることと考えていることが同じではないと思ったほうがよいかもしれません。感情（嫌い、しんどい）だけで反対する人もいます。あとで「折れるタイミングを測ってた」なんて言われて「え〜〜っ」となることだってあるのです。粘り強くいきましょう！

価値観による反対者のタイプ分け

反対者の価値観に合わせ対応を使い分けよう。

1. コミュニケーション
会話の量が重要
たくさん話してもらう

2. ファイト
チームとしての「勝ち」に焦点を当てる

3. シンキング
意見は出なくてもある。振ってみる

4. プロフェッショナル
ベストな解決策について相談する

5. エンジン
具体的な計画、スケジュールを示す

6. リアリティ
リスクの順位づけをし、着地点を探る

7. オブジェクティブ
着地点、期限を伝え、意見をもらう

8. アイデア
突飛な意見でも尊重し、覚えておく

9. ポリシー
個の意見と全体解決との調和を問う

10. ビジョン
部分的に折り合う点を丁寧に考える

11. ストラテジー
話を枝葉に広げず、本質中心に進める

12. アナリスト
論理と、感情の理解の両建てで話す

13. フェア
公平にも取捨選択がある理解に立つ

14. リレーション
周りの人の意見への反応を見る

15. エモーション
全体のためになることに視点を向ける

16. パーフェクト
書面回答にも対応できる準備をする

17. アレンジ
着地させる能力が十分か見極める

18. フレキシブル
決断のポイントを小分けにして示す

反対者がプロジェクトを研ぎ澄ます

- シビレそうになる反論ほど、脳を活性化させるものはない
- 解決すべき問題が難しければ難しいほど、成果や目標の質が高まる
- 賛成している人の心のなかにも、反対の「芽」は必ずある

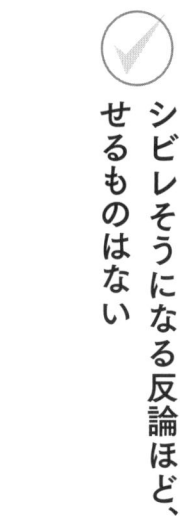

No.25

会議アジェンダとメモのつくり方

会議を効率的に進めるには、次の8つの項目がポイントになります。

1. **背景を共有する**／全体状況、メンバーはどういう動機（立場）を持っているか
2. **問題点を明確にする**／直面する課題と解決の必要性、スケジュール
3. **ゴールを明確にする**／意思決定すべきことと、行動すべき具体的な内容
4. **検討項目を必要十分にする**／内容（項目）が網羅され、整理されているか
5. **検討項目に優先順位をつける**／重要度、スケジュール、会議での検討順序を考慮する
6. **時間を検討項目に割り振る**／重要度、ボリュームに応じて時間配分する
7. **参加者を必要十分にする**／意思決定に必要なメンバーに絞る
8. **役割分担を明確にする**／検討項目ごとに最終決定権を持つリーダーを決める

この8項目に不備があると、即参加者の不満につながります。会議で不満が出る理由のほとんどはMCのコントロールの不備にあります。**会議前にアジェンダ（議題など会議の設計項目）とメモ（会議ツール）を準備することで、会議コントロールを強化できます。**

会議の不満と対処

<table>
<tr><th>8項目</th><th>コントロールの不備で
生じる不満</th><th>対処</th></tr>
<tr><td>背景を
共有する</td><td>前回までの内容が共有されていない
会議の内容がその場までわからない</td><td>・アジェンダ（議題、目的、流れ）の事前配付</td></tr>
<tr><td>問題点を
明確にする</td><td>議論がかみ合わない
何のための会議かわからない
会議するほどの内容か？</td><td>・課題、必要性、スケジュールをアジェンダに盛り込む</td></tr>
<tr><td>ゴールを
明確にする</td><td>議論がかみ合わず会議が進まない
結論に至らず先延ばしになる
決まったことが実行されない</td><td>・決定すべきこと、決定後の行動を会議メモに織り込む</td></tr>
<tr><td>検討項目を
必要十分にする</td><td rowspan="2">議論がたびたび後戻りする</td><td>・検討項目をメンバーと事前にチェックする</td></tr>
<tr><td>検討項目に優先順位をつける</td><td>・重要事項が出てきたら、会議の途中でも順序を入れ替える</td></tr>
<tr><td>時間を検討項目に割り振る</td><td>会議が長過ぎる
時間どおりに終わらない</td><td>・会議メモには各項目の検討時間を記載する</td></tr>
<tr><td>参加者を
必要十分にする</td><td>参加する意義がわからない</td><td>・検討内容によって、途中退席、途中参加もOK</td></tr>
<tr><td>役割分担を
明確にする</td><td>結論に至らず先延ばしになる
決まったことが実行されない</td><td>・検討項目ごとにリーダーシップを誰が取るかを明確にする
・実行責任を負うメンバーが最終決定権を持つ</td></tr>
</table>

アジェンダは会議の設計項目です。事前配付することで、参加者に準備を促します。

【議題】コンパクトにする。何の件？　と訊かれたときに答えやすい。プロジェクト名と内容を「／」で切るなど工夫する

【目的】20字前後（4〜6字×3〜5セットくらいの目安）でまとめる

【ゴール】重要度、緊急度の順に並べる。項目は3つまでにまとめる（記憶に残る）

【参加者】担当分野を周知する。項目ごとのリーダーシップ、決定権を全員が把握する

【経緯】2〜3行程度で簡潔にまとめる。前回からの宿題も必要に応じて記載する

会議メモは会議ツールです。検討をスムーズに進め、進行をコントロールするために使います。

【課題】ピンポイントで伝えると集中しやすい。「デザインの見せ方」など具体的に絞ってもよい

アジェンダ（招集通知時に配付／送信）

【議題】
Xプロジェクト／コンペ提出案の検討

【目的】
1カ月後の競合コンペを勝ち抜ける企画書の作成

【ゴール】
・企画書コンセプトと体裁の確定
・1カ月間の作業分担と作成スケジュールの確定
・プロジェクト予算の確定

【参加者】
・企画　〇〇部長　（コンセプト、体裁、スケジュール管理）
・営業　××課長　（クライアントからの情報収集）
・経理　△△課長　（プロジェクト予算の管理）
・……

【経緯】
前回の会議までに、3つのコンセプト案を検討し、2つの案に絞られた。
本会議では、修正後の2案を検討の上、最終案を決定する。

【必要性】「引き」のある表現にする。「コンペに負ける」などではなく、起きる事態にフォーカスする

【検討項目】できる限り詳しく書く。各パートの検討状況確認や、当日の進行がやりやすくなる

【決定事項（仮）】仮置きして方向を示し、意見を取る。方向性が定まり、結論が早く出る

【スケジュール】トップダウンで示し、修正しながら確定する。定例会議などは一気に設定する。ムリな予定のみ修正

会議メモ（会議当日までに配付）

〔課題〕
最有力の競合P社に勝る案に仕立てる

〔必要性〕
本件を落とすと、エリア全体でのP社の存在が圧倒的となり、自社の存続が危ぶまれる

〔検討項目〕
提案コンセプトに対するクライアントの感触チェック（××課長、○○部長）／15分
コンセプト、体裁の修正と作成スケジュールの設定（○○部長）／30分
経済条件でP社に勝るための、プロジェクト予算修正（○○部長、△△課長）／10分

〔決定事項（仮）〕
コンセプト案の作成を今週からスタートする
クライアントへのヒアリングは継続して行う

〔スケジュール〕

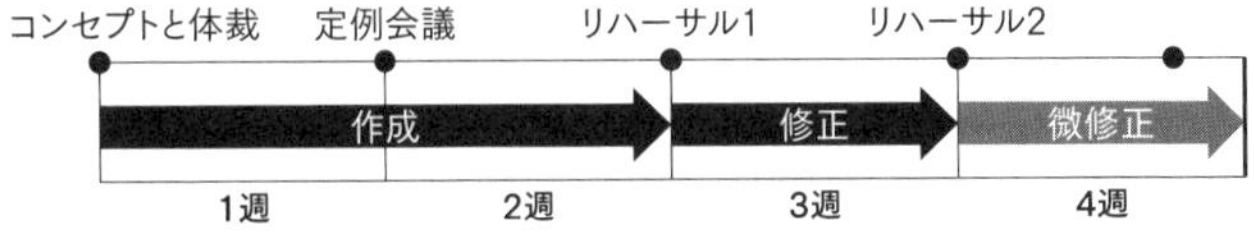

▽初級者こそ会議メモ

アジェンダは、会議招集と事前準備に利用します。当日はボードやスライドに表示しておけば済みます。

会議の効率化やスムーズな進行のためのメモ作成に時間をかけるべきです。理由は以下のとおりです。

1. メモ作成の過程で、会議の内容が完璧に頭に入る
2. 必要な確認を関係者に取るので、当日のコミュニケーションが良くなる
3. 質の高いメモは、参加者に対してMCとしての安心感を上げる
4. 会議進行の助けとなり、議事録づくりも楽になる

初めて入った外資系企業では、アジェ

ンダの作成を厳しく指導されました。人種や文化がさまざまなメンバーが集まるので、前提がそろっていないと議論がかみ合わないからです。大きなプロジェクトではメモを併用することで目的を分けたところ、会議の準備と当日の効率が一気に向上しました。

アジェンダ、メモをうまく設計できるということは、会議をうまく設計できることと同じです。自分の「会議運営力」を一度とことんまで極めてみてはいかがでしょうか。

ダメな会議は100%「MC」の責任！

- MCは会議では「経営者」。強い権限を持ち、全責任を負うべき
- MCに権限を持たせずに、会議の不備を嘆くのは「意味不明」
- まずは、魅力ある「議題」「アジェンダ」「メモ」から始めよう！

No.26

「WITH ME法」でミス・課題をクリアせよ

部下の間違いを指摘したことは何度もありますが、たいていの場合、うまくいきませんでした。雰囲気が悪くなることもたびたびでした。

そういうことを数多く繰り返したのち、それは人が問題だからではなく、課題の解決策を持っていないからだということに気づきました。間違いは事実として確認するに留め、すぐさま「どうやって解決するか」に頭を切り替えるべきだったのです。

いかに課題の解決を考え、解決策が実行されるようにしていくかをともに考えます。「こんなやり方はどうかな？」と投げかけるだけでは不十分です。言葉では納得がいっても、それを実行するのが簡単ではないから、再び同じ課題が出てくるのです。

部下にも顧客へのプレゼンと同じように提案します。あなたが部下の立場なら、上司をうまく誘導しましょう。

課題を抱える顧客は、一発でクリアな回答を求めているわけではありません。一緒に寄り添って考えてくれる人を必要としています。

「一緒に（With me）考えてみよう（考えていただけますか？）」から始めましょう。

部下との共同作業を通して課題への向かいかた、解決策を発見するプロセスと利用すべきリソース（資源）を把握することがより重要です。そうすれば、次に課題が発生したときに、部下が自分で原因を発見し、解決していくことができるからです。

共同作業では次の2つの準備ステップが重要です。

1．課題が発生している周りの状況（人、物、ルール）を、一緒によく観察してみましょう。近くのメンバーにもヒアリングします。個人の不注意、能力不足以前に、周りの環境がミスを誘発している場合も多いからです。

2．情報を集めます。過去に似たような課題がなかったか、解決した事例はないか、問題なく進めている（予防している）人はいないか、など、部署をまたいででも聞き込みましょう。

WITH ME法を使うと、実務能力以外にも、上司や仲間とのパイプを通じて、チームや他部署との協力関係、情報・ノウハウなど、多くのものを得ることができます。

社内WITH ME法をマスターしたら、社外に向けた積極的WITH ME法に取り組んでみましょう。

かつて私が経験し、取り組んだものをご紹介します。

▽外資系トップのWITH ME法

私が外資系スタートアップに参画したとき、日本法人のトップによく会合やセミナーに誘われました。終わった後に名刺交換の時間があるのですが、そこで日本人の担当者として私のことを紹介するのが目的でした。

相手は、普通だと直接コンタクトの取れないビッグネームぞろいでしたが、価値があったのは、一緒にいたその部下とのコネクションができたことでした。その後直接コンタクトを取り合って、情報交換からプロジェクトにまで発展したケースもありました。

世界で7万人を超える社員を抱えるコンサルティング会社のトップで、WITH ME法をさらに徹底していた人がいます。彼は、来日のタイミングに合わせ、海外のカンファレンスで名刺交換をした日本の財界トップと数多くのミーティングをセットしていました。すべて自ら直接電話をしてコンタクトを取っていたそうです。

来日すると、日本法人のトップを連れて、精力的にミーティングをこなし、他にも回るところはないか、と訊いていました。日本法人にとって彼の来日は価値あるものでしたが、何よりそのフットワークの良さには驚かされました。

▽戦略的WITH ME法

WITH ME法を使ってプロジェクトの強度を高めることができます。

【上司をコミットさせる】

プロジェクトに上司を巻き込むことには、3つのメリットがあります。

1つ目は、プロジェクトが1段階上がり上司ベースになるので、決定事項が両社内でより確かなものになること。

2つ目は、上司に相手担当者の上司とのコネクションを提供できること。コネクション自体の価値とともに、上司をパワーアップさせることができます。

3つ目は、上司を舞台に引きずり出すことができること。プロジェクトにネガティブな上司や上の役職者を巻き込むことで、計画を進めやすくなります。

【相手側担当者のパワーアップ】

せっかく社内での決裁を得ても、相手側の都合で契約に至らないことがあります。競合相手に負けたり、相手社内でのプロジェクト順位が低いなどが理由です。

WITH ME法で、プロジェクトを推してくれている相手側担当者のパワーアップを図りましょう。

社長や役員を連れて挨拶に行く、プロジェクトへの期待や思いを入れたレターを相手側の役

WITH ME法のバリエーション

	社長・役員	上司（部長・課長）	チーム	パートナー専門家（社内・社外）
コンタクト	・会合やセミナーへの同席 ・相手トップ（役職者）経由で担当者の紹介		・他部署のコネクションから入る	・専門家同士の特殊なルートを使う
提案・プレゼン	・トップの出席で真剣度を見せる ・担当者をパワーアップする	・決裁権者のコミットを内外に示す	・充実した社内体制を見せる	・専門家の出席で説得力を強化する
交渉	・トップ会議を設定し、期限を切る ・トップの握手で決定を強固にする	・交渉姿勢、役割を分担して交渉に幅をもたせる	・相手からの攻撃を分散して受ける	・数には数で挑む ・専門家同士の話で風向きを変える

職者に向けて発信する（担当者経由）、などの手法は、思った以上に効果を発揮します。

担当者、プロジェクトの背後に、多くの人の思いがあることを想像してください。

・上司を使い倒すことは意外なほどできていません。使い倒し方を擦り合わせることから始めましょう。

・WITH ME法は、一緒に動く両者にとってメリットのある手法です。困ったこと、打開したいシチュエーションがあったらWITH ME相手がいないか探してみましょう。

人のパワーは巻き込まれると高速で発動する

自分からより、「紹介して欲しい」と言われて紹介するほうが簡単で早い

眠っている上司や仲間のリソース（資源）をたたき起こそう

まずは自分のリソースをたたき起こせ！　明日、誰を紹介する？

No.27

一つ上のレポート作成法

「やりたくないな〜」と思う仕事を任されることは、誰でもあるものです。

私の場合は、会社から「コンプライアンス委員会」の立ち上げを任されたときでした。忙しいなか、本来の業務時間を削ってやるわけです。各部署から集められたメンバーにとっても、「面倒くさい」以外の何物でもありません。

とはいえ、任された以上は、しっかりしたアウトプットを出さなければなりません。「どうせやるなら、モチベーションが上がる方法を考えよう」と、プロジェクト課題として捉えることにしました。

まず、業務の意義から動機づけが図れないか考えました。しかし、あっけなく挫折します。どうやっても、「素晴らしい意義ある業務だ！　やってやろう！」とはならないのです。考えてみれば当たり前で、みんな意義はわかった上でやりたくないのです。

次に、会議自体を楽しいものにしたらどうかと、プロセスに活路を求めました。

が、やっぱりダメでした。それでうまくいくなら、どんな業務も楽しくなるはずだし、そもそも、「楽しい会議」自体、コンプライアンスよりはるかに難しいテーマです。

たどり着いたのが、**「アウトプットに集中するしかない」**ということでした。本来的な業務の意義、プロセスでの解決をあきらめてしまっているので、いささか情けない話です。しかし、「限られた時間のなかで最適解を見つけて全力で取り組む」というプロジェクトマネージャーの本分を忘れてはいけません。選んだ解決策に全力投球するのみです。

野心的な3つの方針を立てました。

1. 最高水準のレポートを短期間でつくる
2. テーマから予想される堅苦しさをなくす
3. 経営トップに向けて報告会を開く

1は作業の集中力を上げる効果があります。ムダに長いものではなく、背景と目的、施策とスケジュールに絞り込んだレポートがゴールです。期限を定め、定例会議のスケジュールも設定しました。それで「この期間だけは特化してやる」と覚悟が決まりました。

2では、現場の生の声をできる限り取り入れました。ニーズを解決する視点でレポートをつくるためです。読み手の興味を惹くもののほうがわかりやすく、作業のやりがいも上がります。

3は求められたものではありません。委員会として開催し、トップを含めた経営陣を集めました。パフォーマンスを見せるため、委員会メンバーの士気を上げるためです。

こういう業務は、終わってみれば、知識・経験が共有化でき、メンバー同士の絆も深まるので「やって良かった」となるものです。しかし、スタート時点での方針が緩いと、レポートの仕上がりは、ありきたりで自己満足なもので終わってしまいます。

せっかくやるのなら、一つ上のクラスのレポートを目指してモチベーションを上げるべきです。「自分たちに任せたらこのレベルのものに仕上がるんだ」という強烈なメッセージを込めましょう。

それが、次にどんな仕事があなたに任されるかを決定するのです。

▽一つ上のレポートをつくる視点

【レポートは簡潔に、の穴】

どんなことにも当てはまる話ですが、常識的に語られていることを鵜呑みにしてはいけません。「簡潔に」という言葉の背景には、くだらなく長いレポートに辟易した管理職の悩みがあります。下手くそなレポートが標準だったころに、簡潔にまとめさせることによって、ムダな記述を削っていたのです。

確かに簡潔なもののほうが読み手は楽ですが、いき過ぎた簡潔さは、不十分な理解や、読み手による解釈の違いを生みます。レポートのなかで背景や目的、作成者の指針についてはしっかりと語りましょう。

アマゾンのジェフ・ベゾス氏は、株主宛の書簡で、「アマゾンではパワーポイントでのプレゼンは行っていない」「代わりに6ページのメモを用意し、会議の初めに皆で静かにそれを読む」「優れたメモを作成するのには1週間以上かかる」と述べています。

彼が講演などで語っている内容を総合すると、**会議の前に時間と労力を割いて、背景や前提を正確にそろえておくことで、高いレベルの議論が可能になる**ということです。

一人の作成者が努力をすることで、多くの人間の時間を有効に働かせることができる、効率をとことん高めようという強い意思が感じとれる内容でした。

効率や効果を高めるものは入れ込む、ムダなものは徹底して削り純度を上げる、という作業をどこまでやれたかが、レポートの質を決定します。

ただ単に省くだけにならないように。自分が必要と思う内容は怯《ひる》まずに入れて、その上で時間をかけて磨きあげましょう。

【目次を磨く】

わかりやすい目次には、**「読み手の頭をスタンバイする」**効果があります。冒頭または表紙で、レポートの全容を示すことにより、読み手は展開とゴールを想定しながら、ストレスなく読み進めることができます。

レポートを「一つ上」にするには、わかりやすさに加えて**「興味を惹く」**要素を入れましょう。

「Before」→「After」で示してみます。

・「市場調査について」→「市場調査—激変するアジアマーケット」（状況を見せる）
・「ヒアリング結果」→「30代女性顧客層へのヒアリング」（対象を見せる）
・「顧客営業について」→「上位20％最重要顧客の囲い込み」（方針を見せる、数字を使う）
・「社内教育について」→「Google社をモデルにした社内教育」（固有名詞で惹きつける）

【図解する】

「レポートはワードを使う」などという、暗黙のルールがまかり通っているケースがありますが、本当かどうか、いまでもそれが適切か、は疑ってかかりましょう。

企業向けにレポートやプレゼンを作成する際に、「原則」と書かれていたら、「例外」もOKという意味です。

本文を原則でつくって、「補足資料」として例外を付ける分には問題ありません。不安、不明な点があるなら、受け手側にどんどん質問しましょう。

外資系企業としてコンペに出ることが多かったのですが、基本ルールはほぼ気にしていませんでした。もっとも効果的な手法を考えて、開催側に具体的に可否を問い合わせると、OKになるケースがほとんどでした。

【ヒアリング、インタビュー結果を交える】

現場の声、専門家の意見を加えるだけで、レポートに「地に足のついた」印象を与えることができます。とてもお得な手法です。私は、どんなレポートであっても、必要程度が高くなくても、できる限り「生の声」を入れるようにしています。受け手に与えるインパクトが大きいからです。それだけ受け手のニーズがあるということです。

テレビでの街頭インタビューを思い出してください。普遍性に欠ける、予定された答えが得られた部分のみを取り上げたものでさえ、形としては成り立っています。

正しいモラルで行った「ヒアリング」や「インタビュー」の効果は絶大です。

「レポート」はキャリアを切り開く「武器」になる

- 「レポートを見る人」はあなたのキャリアに影響を与える人では？
- 良いレポートは社内を「ひとり歩き」することがある
- 依頼されなくても「レポーティング」はできる。チャンスはつくり出そう！

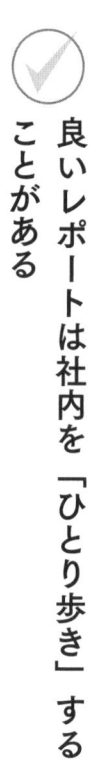

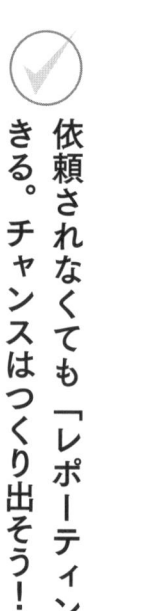

No.28

言い方を替えて、狙いどおりの反応を得る

表現ひとつで与える印象が大きく変わることがあります。

聞き手が同じような考えを持っている人ばかりなら言葉も選びやすいです。

しかし、部署間、会社間で行われる会議では、一つの発言にさまざまな反応があることを予測して進めていかなければなりません。

難しい交渉などでは、**一つのことを言うのに5種類くらいの表現から選ぶ**ようにしています。

例えば「協議を中止する」という事実を述べる場合に、

1. **「協議は中止といたします」**
強めの表現です。あえて反発を起こしたいときはこれです。
2. **「協議は中止させていただきます」**
丁寧ですがトーンによって事務的で反論を受け付けない響きになります。
3. **「協議は中止せざるを得ません」**
相手側に中止の理由がある。こちらは努力したということをほのめかしています。
4. **「協議を継続することができなくなりました」**
議論はなされたものの両者ともどうにもならない理由がある感じになります。
5. **「残念ながら協議はいったんここまでとさせていただきます」**

相手側から新しい条件が出ない限り再開はないというニュアンスです。
このように表現それぞれに意味と目的を持たすことが可能です。次ページに3種類の表現をつくるための切り口を例示しましたので試してみてください。

神戸で震災後のプロジェクトに参加していたときのことです。街づくりに実績のあるプロの方とチームを組んでいました。焼けてしまった住宅街の跡地にマンションを建て、生活を再建する事業です。

被災者をサポートする専門家や行政も必死に事業を成功させようとしていました。

しかし、そのエリアは土地の価値があまり高くない場所でした。

でき上がったマンションの一部を売って資金に加える仕組みのなかで、どうしても十分な広さの住居をみんなに割り当てることができません。

そのことを説明する集会が開かれました。事実を伝えなければならないのですが、「土地の評価が低いから」などと言ったら、被災者の方々は気分を害されるかもしれません。「マンションが高く売れないので」と言うのも、「なんで初めからあきらめるんだ」と反発を買いそうです。

街づくりのプロが被災者に向けて言ったのは、

「残念ながら皆さんの土地は〝地力〟が足りません。このまま進まないよりは早く復興を成し遂げて若い人たちのためにも〝地力〟を高めることに力を入れましょう」でした。

言い方を替えてみる

強弱で分ける

弱	「スケジュールに従って進めさせていただきます」 スケジュールの如何が論点となる
中	「プロジェクトはスケジュールどおり進めます」 自ら意思を持って進める
強	「スケジュール通りです。変更はできません」 絶対条件として出す→反発、課題を抽出する

態度で分ける

慎重	「ご意見ありましたらお知らせください」 意見を取り入れる余地は少ない
中	「皆さんのご意見をお待ちしています」 意見は歓迎だが取り入れるかはわからない
積極	「皆さんのご意見を取り入れていきます」 意見が欲しい。取り入れる基準も話し合える

「地力」というキツい表現ではないのにニュアンスが伝わる言葉。みんなが「頑張ろう」と思える言い回し、さすがこういう現場をくぐってこられた方だと感心しました。

キーワードひとつを工夫するだけで聞き手の印象はずいぶん変わるものです。日々の会話で意識するだけで上達しますので、ぜひ工夫してみてください。

▽言葉を替えてニュアンスをズラす

言葉を工夫することで、受け手へのニュアンスを変えて、配慮や注意を示すことができます。自らの判断だけで確定的な答えが出せないときにも有効です。

【やわらかい（ぼかす）表現】

「不可能です」→「可能性が見つけられません」
「取引できません」→「取引には至りません」
「期限はここまでです」→「猶予はここまでです」
「これでは売れない」→「市場性に課題がある」

【強い（注意をひく）表現】

「問題があります」→「深刻な状況です」

「期限に遅れます」→「遅延が発生します」
「協力します」→「最大限サポートします」
「相談してください」→「いつでもご相談ください」

【無理を匂わせつつ回答を保留する】

「限界です」→「これ以上は別の判断になります」
「お断りします」→「難しいお話ですが、確認はしてみます」
「締め切りました」→「間に合わない場合があることをご了承ください」

【100%の保証が無理なケース】

「勝ちです」→「負ける要素は考えられません」
「信頼できます」→「信頼に値します」
「間に合います」→「予定通り進んでいます」

【絶対評価↓相対評価】

「A案が正解です」→「皆さんA案を選んでいます」
「解決します」→「最後まで課題に向き合います」
「正確です」→「問題のない精度です」

【反対の視点から捉える】
「90％が賛成」→「10％の人は異なる意見」
「競合が激しい」→「マーケットがある」
「厳しい期限」→「短期間に高い集中度で臨む」

▽印象的な単語から表現を発見する

対をなす単語からヒントを得て、表現の幅を広げることができます。例えば、「効果的なプレゼンテーション」の条件について話すときに、「論理」と「直感」という対比から、

【論理】「聞き手の納得感を隅々まで満たす」
【直感】「ピンポイントで決定権者を落とす」

という表現を導き出すことができます。以下の例を参考に、いろいろな対比を試してみてください。

【瞬発】「情景をひと目で記憶に焼きつける」
【持久】「物語に沿って、情景が心に描かれる」
【品格】「聞き手の『ひとつ上』の価値観に訴える」

【熱量】「共感を得て、多くのファンを獲得する」

【過去】「技術、経験のシェアとリハーサル」

【現在】「時代に適応したオリジナルの手法」

【未来】「普遍性の高い思考の切り口と活用法」

【聞き手がアマ】「直感的にわかる表現でとっつきやすい」

【プロ】「新しい視点があり、人に教えられる」

【トッププロ】「発想を刺激する極端な視点」

言葉ひとつ間違うだけで炎上する

- 気持ちや趣旨は同じなのに、「言葉」を間違えて沈むことがある
- 話し手を知らない人には「言葉」がすべて。解釈はしてくれない
- 「語彙力」は単語の数のことではない。手持ちの単語で、いかに豊富な表現をつくれるかどうかだ

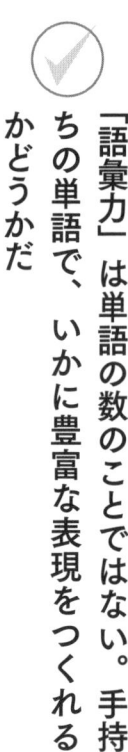

No.29

「ブラック質問」で本音を引き出す

「どうも本音を言ってないなぁ」

会議の参加者に対してこのように思ったことはないでしょうか。

会議に限ったことではありませんが、**人は本当に思っていることを話しません。**遠慮したり、保守的な立場だったり、人間関係や会社の都合で発言を抑えていることもあります。無関心なときや敵対しているときも手の内を見せません。

そのような状況で、ＭＣの対応が緩いと会議自体が緩々になってなにも決定に向かいません。議論が浅くなって、決まったことも後で揺らぎかねません。参加者が本音を話さざるを得ない質問をぶつけていく必要があります。

商業開発のプロジェクトで私は何度もそういう状況に直面しました。相手は百戦錬磨のゼネコンや設計会社。事業主とのやり取りに長けた人たちです。プロジェクトを進めていくメンバーとしては心強い仲間なのですが、しばしば利害のぶつかる場面があります。

そんなときに本音を引き出す手法として活用したのが**「ブラック質問」**です。

本音を言わない人はその場で答えることを避けようとします。答えられない理由を質問形式で詰めていきましょう。中途半端な回答には賛成・反対をはっきりさせます。覚悟のない反対

[緩]緩い質問 vs [B]ブラック質問

参加者に「緩い対応」を許してはいけません。
ときにはブラフをかけてでも、会議には緊張感を持たせます。

確認で迫る

「会社の都合」「上司の指示」で
ひっくり返る可能性が
ないかを探る

緩	「進めるということでよろしいですか?」
B	「進めるにあたり、とくに課題はありますか?」
B+	「いっさいストップする要素はないですか?」

期限で迫る

厳しい条件への反応で、
本当に答える気が
あるかを探る

緩	「お答えをいただけますか?」
B	「いつ、お答えをいただけますか?」
B+	「明日、お答えをいただけますか?」

プレッシャー

「検討したのですが……」
「もう少しお時間を……」などの
緩いペースを許さない

緩	「ご検討いただけますか?」
B	「次回、検討案をお持ちいただけますか?」
B+	「次回、検討案をベースに議論しましょう!」

わがまま

正式にプロジェクトが
始まっていない段階でも、
専門家には相応の注意を要求する

緩	「なにか問題はありませんでしょうか?」
B	「専門家の目で見て問題はありませんか?」
B+	「もし問題が起こったら責任ものですよ」

も許してはいけません。どういう立ち位置なのかを追及すべきです。「なんでそんな面倒くさいことを」と思われるかもしれませんが、こういうプロセスを経ないと出てこない「隠れた問題」があるのです。

数社の共同プロジェクトで意思決定が進まなかったケースがあります。ある会社の担当者がやたら議論のむし返しをして、なかなか結論に至りません。

厳しい質問で詰めていった結果、その会社で別の大きな問題が発生し、プロジェクトに対する判断がすぐにはできない状況になっていました。担当者としては、会社の状況が好転するまで約束を避けるために、全体のスケジュールや課題に、問題をすり替えていたのでした。

スケジュール管理の面でも油断はできません。よくある緩々パターンとして、「担当パートのスピードを上げられる可能性があるのに保守的なスケジュールを提示→皆がそうすることによって全体スケジュールが延びる→過大なロスが発生！」。

MCは、ブラック質問で個々のスケジュールを厳しくチェックする必要があります。

しかしブラック質問は本音に迫るには効果的な手法ですが、人間関係を壊してしまうことがあります。未熟な使い方で私も何度か痛い目にあいました。

厳しい追及をリカバーするフレーズを次ページに例示します。

併せて活用することで事故を防ぎましょう。

人間関係をリカバーする心温まるフレーズ

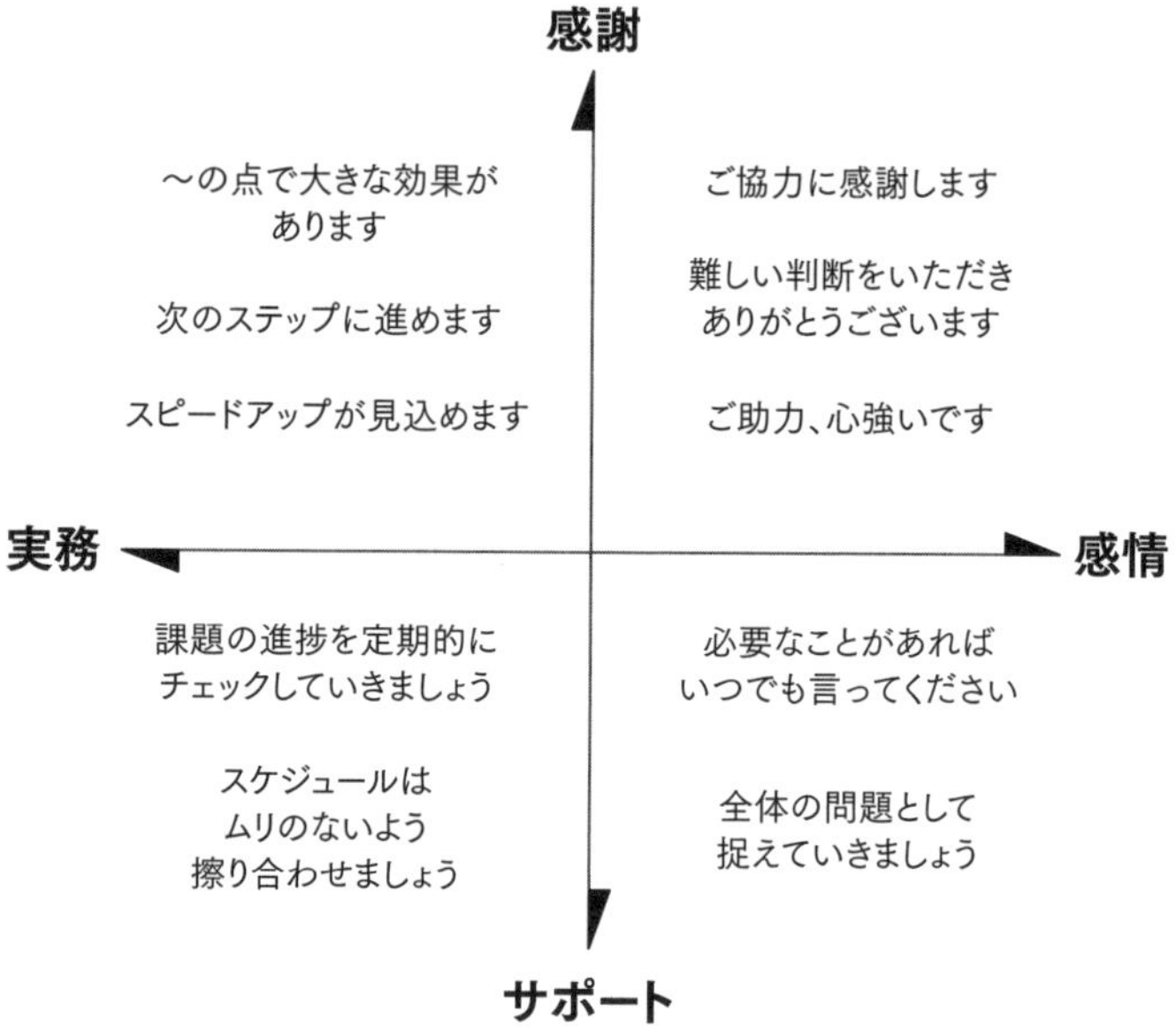
感謝
実務
感情
サポート
～の点で大きな効果が
あります
次のステップに進めます
スピードアップが見込めます
ご協力に感謝します
難しい判断をいただき
ありがとうございます
ご助力、心強いです
課題の進捗を定期的に
チェックしていきましょう
スケジュールは
ムリのないよう
擦り合わせましょう
必要なことがあれば
いつでも言ってください
全体の問題として
捉えていきましょう

▽緩コミットの参加者対策

プロジェクトの早い段階で、参加者のコミットがまだ熟していないと、「保守的に過ぎる姿勢」「気づいていないことにしよう症候群」などが発生することがあります。

まだ責任も権限もない時点で、人が取りがちな行動パターンです。しかし、それを許していると、いつまでも議論が核心を突いたものにならず、プロジェクトの進みが大きく妨げられます。

早い時期であっても、担当を明らかにし、**毎回の会議で意図的に宿題を設定していきましょう。**あなた自身が準備に汗を流していれば、作業で若干のロスが出たとしても文句は出ません。

メンバーの意欲を低下させる、「なんとなく終わる会議」の責任はすべてMCにあります。

「参加者の課題をつくる」こともプロジェクトを進めていく重要な任務です。

▽刑事の質問「儲かってる?」

20代後半のころ、私はデベロッパーで不動産仲介の営業所長をやっていました。

あるとき、営業所で管理していた高額の印紙類がなくなっていることがわかりました。会社の指示で警察に届けたところ、なんと本物の刑事さんがやってきました。

所内をしばらく調べてまわったあと、ポロッと、

「不動産って景気いいんだってね。所長さん、儲かってるんじゃないの?」と言われました。

「いえいえ、サラリーマンですから」

なにげなく答えて、その場は終わったのですが、あとで、「もし、自分が印紙をくすねていたら、ドキッとして、顔に出たかもしれない」と思いました。

刑事さんはムダなことはしません。最強の「ブラック質問」だったに違いありません。

MCの進め方しだいで「会議」は輝きも腐りもする

- 「みんなで進める」などの、「甘い世界」から脱却しよう
- プロジェクト＝会議と言っても過言ではない。争いも闘いもある
- 「力量のあるMC」のいない会議に参加させられるのはゾッとする

No.30

MCが使うキラートーク

会議で結論に移ろうとすると、反論してくるやっかいな参加者がいます。「持ち帰る」「揺さぶる」「ワケ知り顔」の3タイプの人たちです。自分の事情や立場を優先して、決定を先延ばししようと行動するのが特徴です。本題での議論を外れた、個々の思惑のために全体の進行を止めてしまうのは最悪です。「キラートーク」で、混乱をひき起す前に息の根を止めましょう。

【持ち帰る】「そうは言っても、部内に諮《はか》ってみないと」が口グセ。答えが出てしまってから、部内の調整が自分にかかってくるのをイヤがる

（対策）強烈なコミットを示して、緩い対応をとがめる

（キラー）「ここで決めてください。なにか問題があるのなら、一緒に説明に伺いますよ」

招集の段階から、「決める会議」であることを周知しておきましょう。参加者の所属する部内または会社が問題を抱えている場合もあります。問題解決、調整へのサポートが推進上必須であれば、プロジェクト課題の一つとして積極的に取り組みましょう。

【揺さぶる】 MCが気に入らない、主導権を握りたいなどの理由で、揺さぶりをかける。予定の時間が迫っている、と言っても「時間は何とかするものだ」などとからむ

（対策）反論は予測して、現実論でサラリとかわす

（キラー）「皆さんがこうして集まれる時間は限られています。ここで決めましょう」

これ以上意見も出ない、進展もないようなら結論に移りましょう。ダラダラした時間を放置しておくと、議論のむし返しやブレが起こります。

現実論は淡々と話します。反感を大きくしないような「ニコッと、きりっと」した対応がGoodです。反発する気概を、プロジェクトにとってプラスの方角に向けたいところです。良きライバルとして、敬意を表して闘いましょう。

【ワケ知り顔】 「判断を急ぎ過ぎるのはどうかと思うよ」など、ものを知ったふうな発言で、判断を避け、周りを巧みに取り込む。専門家、上席だと手強い

（対策）MCとしての決断を宣言します

（キラー）「いったん決めて前に進みたいと思います。良い案があれば、1週間以内にお知らせいただけますか？」

意味のない「次回」持ち越しは絶対にしてはいけません。時間をムダにするだけでなく、思考ストップ、状況の変化による手戻りが生じます。完璧でなくても進むこと、進みながらの修正が効率的な場合は多いものです。

会議では決して協力的な人ばかりではありません。部署間で交渉が発生するような会議の場合はとくにそうです。

参加者のレベルがバラバラのときもあります。MCがしっかりコントロールできれば、参加者は安心して議論に集中できます。自らの役割を自覚し、やるべきことをやりましょう。

キラートークはメンバー全員への宣言です。正しい姿勢を淡々と示しましょう。

参加者から「決めるMC」と見られることで、次回の会議でも意思決定がしやすくなります。一つひとつの「決め所」に、強い気持ちで丁寧に臨みましょう。

▽発言を呼ぶキラーパス

キラーパスとは、サッカーやバスケットボールで使われる、「相手にダメージを与える(得点につながる)ような絶好のパス」のことを言います。

発言すべき人には、キラーパスを送ってプッシュしましょう。次のような投げかけが有効です。

「そういえば、○○さんは△△プロジェクトで〜を担当されていましたよね?」
「○○部長は〜のご経験があると聞いています。お話を伺えますでしょうか?」
「○○社さん、〜の専門家としてのご意見を伺えますか?」

「○○課長（反対派）、この案でとくに問題はないと思われますか？」

プラスの意見やアドバイスだけでなく、必要に応じてネガティブな意見も引き出しましょう。あまりに穏やか過ぎる決定プロセスは、反対意見や留意すべきことをスルーしてしまっていることがあります。

カンタンに決まってしまい過ぎなときに、どれだけ文句をつけさせるか、あるいはあえて反対サイドに立ってみせられるかも、ＭＣの力の見せどころです。

▽言いにくい状況でうまく発言を引き出すフレーズ

参加者同士の遠慮や立ち位置の関係から、議論が必要なときに「はじめの一声」が出てこないときがあります。ＭＣが「呼び水」の役割を果たす場面です。

「ここで○○さんの意見を聞いてみたいのですが、お願いできますでしょうか？」

発言してくれそうな人にピンポイントで投げます。相手のタイプに応じて、「困っている」「信頼している」「ここは任せた！」などの雰囲気を出しながら振りましょう。

「いま申し上げたアイデアの『ダメな点』について確認をしたいのですが、○○さん、どう思われますか？」

ＭＣ自ら案を出して「たたき台」にする方法です。意見を持っている人が反対しそうな案を出して考えを引き出します。

「まず、～案の良い点を確認していきたいのですが、○○さん、いかがでしょうか？」

自分が推進している案であっても、ＭＣとして、サラリと第三者的スタンスを取ります。賛成、反対意見を淡々と捌《さば》いていくことでまとまりやすくなります。

「なかなか反対しにくい意見ですね」、からの反論

明らかに却下または反対しなければいけない意見に対しても、一定の敬意を示すことで発言者の気分を損ねずに済みます。「そこは気づきにくい視点ですね」「良いポイントだと思います」なども枕詞（クッション）として有効です。

キラートークで会議を決める覚悟を示せ

「決めるか死ぬか」の強い気持ちを持つぐらいでちょうどいい

裁判では「みんなで合意」などはあり得ない。それに近い会議もある

「なにをする会議か」コントローラーとして100%明確にしておこう

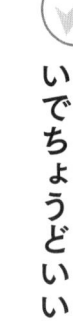

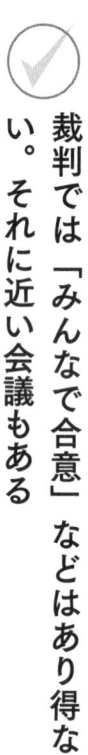

No.31

理不尽な態度や口撃をうまく乗り切るヒント

説得や交渉を目的とする会議では、参加者からいわれのない口撃を受けたり、理不尽な態度で接せられるときがあります。


「配慮が足りない発言ですね」「経験不足ではないですか?」

「それでは皆のためになりませんね」「あなたにはついていけません」


など、本題とは別のところでの議論の吹っかけです。

この手の発言に対して、会議の現場では理由を考えてもしかたがありません。

抽象的、主観的な意見であり、そこに正解はないからです。また、こういう発言をする人は往々にして「気分が良くない」「勢いでしゃべっている」「ひどい誤解をしている」「そもそも嫌い」「戦術として怒っている」であったりします。


対応策は説得と交渉のプロセス設計にあります。

まずは、「話を聴く」「対話する」を丁寧に進めていきます。完璧である必要はありません。

次ページの①・②の8つの項目を意識してやっているという、自分自身の「気持ちのあり方」

説得・交渉を設計する12項目

①②の8項目どれかが欠けると反発の原因になります。

1 話を聴く　評価や判断ははさまず、ひたすら聴く

ニーズ	事実	感情	こだわり
なにを望んでいるのかを、一つひとつ丁寧に聞きとる	内容が事実なのか、誤り、予測（未確認）なのかを見極める	相手がどういう気持ちで話しているのかを読みとる	個人的思いを見定める。「リーダー的立場」「調和重視」など

2 対話する　ともにつくり上げる姿勢で課題をクリアする

信用を育む	客観性	思いやる	一致する
聞きとった内容を課題化して、実現の可否を検討する	要求が理にかなったものなのかどうかを検証する	同じチームとしての気持ちで捉え、反映できることを探る	価値観の合うところを見つけ、ともに解決にあたる

3 決着する　理不尽な口撃など、対応が不可能なとき

チェック	正当性	宣言する	ショック
率直な質問で、根拠や理不尽な点を明らかにする	肯定すべきは肯定し、理不尽な部分は絶対に折れない	「必ずやり切る」ということを表明する→賛同者への責任	過大な要求には「いったん白紙」など強い対応も考える

が大事です。

2つのプロセスに十分心を砕いてもなお理不尽な口撃があるようでしたら、次のプロセス③決着するに移ります。毅然とした態度で臨みましょう。

理不尽な発言をしている人以外の人たちは、あなたがどのようにこの場に対応するのか見ています。MCとしての資質をしっかりと皆に示す、大事な場面だという理解を持ってください。

【注意点】

・感情的になるのは最悪です。周りが安心してMCを任せられません。冷静に対応しましょう。事務的になってもよいので、淡々と、堂々とした姿勢を貫きます。その場を捌く、というMCの役割に集中してください。

・とはいえ、事務的に過ぎ、「あの人には血が通ってないのか」と言われるのも問題です。「決めるべきことがあります！　次に進みたいと思います」など、「ここで決めるんだ」という気持ちを出しましょう。

・「意見を切り捨てた」という印象を残してはいけません。「いつかは自分も切り捨てられるかも」と人は考えるものです。正解は一つです。「すべての参加者と一緒に走り切るんだ」と強く思うことです。いくら反対していても、最後まで折り合わなくても、進む決定がされれば、一緒に進めていくメンバーです。プロセス①・②をしっかりやり切ったことと併せ、「思いの強さ」で理不尽に対峙してください。

▽口撃への対応法

口撃が予想される会議には、想定Q＆Aをつくって臨むべきです。事前に考えておけば、想定外の状況にも対応しやすくなります。

「未検討要素があるのではないですか？」

具体的にどんな要素か説明を求めましょう。検討の必要があっても、MC預かりとして進めることを目指します。常に進めることの重要性との比較をして対応してください。

「皆もっと考えたいのではありませんか？」

自分の意見を述べています。「皆」という言葉は無視して、発言者がなにを考えたいのか、全体スケジュールを犠牲にしてまで考えるべきことなのかを確認しましょう。

「決める状況にはないと思います」
「決める必要はないのではないですか？」

決める前提で招集をかけているはずです。会議の目的、経緯を十分説明して、他の参加者の無言の同意を得ましょう。

「持ち帰らせていただきます。私では判断できません」

持ち帰り先の決定権者と直接話す旨を告げて、先へ進めましょう。発言者が悪いのではなく、このような発言に至る人選をした決定権者に問題があります。

「進め方がおかしいのではないですか？」

「皆さんどう思われますか？」などと訊いてはいけません。どこがおかしいのか、自分自身で訊きましょう。どんなやり方でも一つの「進め方」です。文句をつけ出したらキリがありません。会議を任されているMCとして、多少の不満が出ても、設定した進め方を貫くべきです。

「配慮が足りない発言ですね」

「それでは皆のためになりませんね」

会議運営に「完璧」などありません。意見は意見として聞いておき、「参考にさせていただきます」とでも言っておきましょう。発言者がどうであれ、全体があなたについてきてくれるのであれば、流してもいい発言です。

「経験不足ではないですか？」

「あなたにはついていけません」

相対的な話でしかありません。発言者はいったいどれくらい豊富な経験があるのでしょうか。

言うのは勝手です。放っておきましょう。

「本日はわたしがMCとして会議を任せていただいています。つたない点もあるかもしれませんが、進め方についてはお任せ願えますか？」

あたりの表現でまとめましょう。

最大の防御は十分な準備と丁寧な進め方

- 口撃のほとんどが「相対的」な話。自分の「心」をしっかり持てばいい
- 完璧である必要はない。意義ある会議にすることだけに集中しよう
- 激しく口撃する人に限ってMCで苦労した経験はない、ぐらいに考えておこう

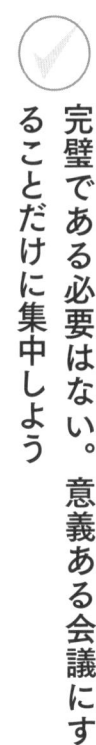

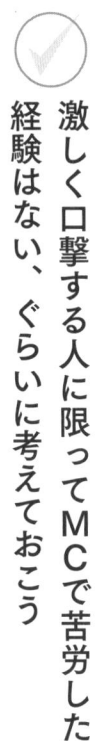

No.32

神チェックリスト

定例会議などで、各パートの進捗チェックをすることがあると思います。確認したはずなのに、内容に食いちがいがあったり、認識が大きくズレていた、決まったことが実行されていない、ということはありませんか。

人はどうしてもものごとを自分に都合良く聞いているものです。質問する側と答える側の話の前提が異なると、こうした問題が発生します。

そんなときは左記の「神チェックリスト」を使い問題の発生を防ぎましょう。

- ☑図解して確認したか？
- ☑具体的な表現になっているか？
- ☑数字で表せるか？
- ☑プロセス（期間）を確認したか？
- ☑内訳を確認したか？
- ☑YESは絶対か？（万が一はないか）
- ☑NOは絶対か？（例外はないか）
- ☑要注意8項目をチェックしたか？

そして、「図解」「数字化」「質問法」「要注意8項目」をリストに従ってチェックします。

【図解】

質問と答えを図解で示すと、言葉の意味や話の趣旨の違いがイメージとして見えてきます。図解して必要なところまで会話が見えるようにすることで、初めてお互いが100％正確に確認をすることができます。

また、そうしておくことで、他のメンバーが初めて会議内容を見たときにも短時間でクリアな理解が得られます。

【具体化・数字化】

抽象的な表現は、具体的な表現に直すか、数字に落とすと理解の食いちがいがなくなります。「担当が」と言われたら「誰か」まで確認しましょう。「80％は大丈夫」であれば、大丈夫ではない「20％の内訳」までメンバーで共有しておくことです。

そうすれば、イザというときにも早い対処が可能になります。

「人」「確率」「期間」は約束につながる言葉なので、抽象的表現が出たら要注意です。

図解する

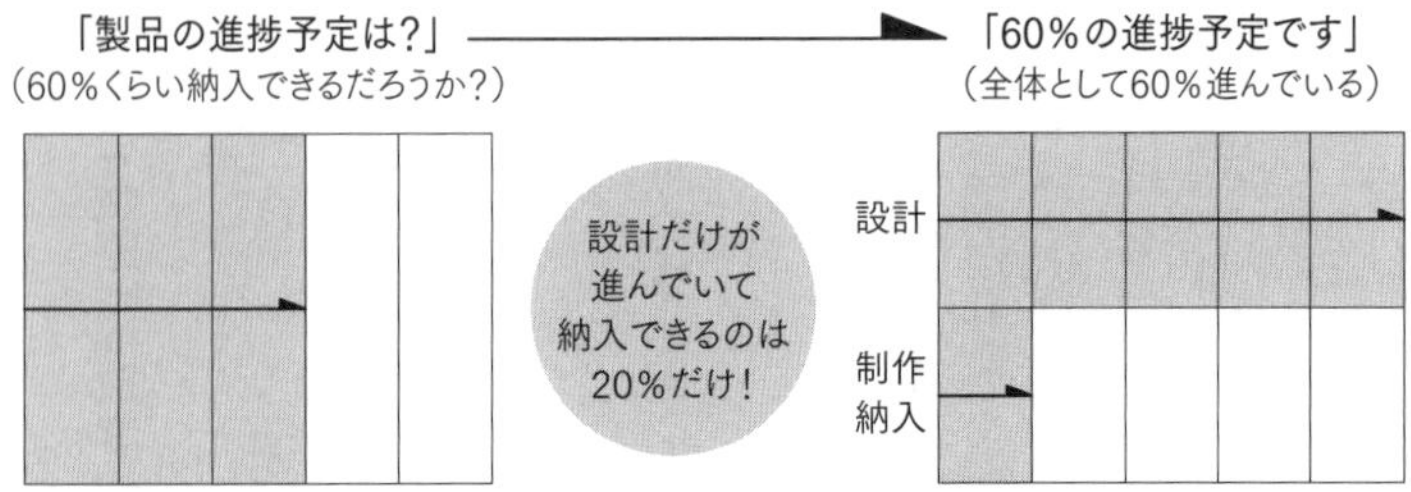
「製品の進捗予定は?」

(60%くらい納入できるだろうか?)

「60%の進捗予定です」

(全体として60%進んでいる)

設計だけが進んでいて納入できるのは20%だけ!

設計
制作納入

具体化・数字化する

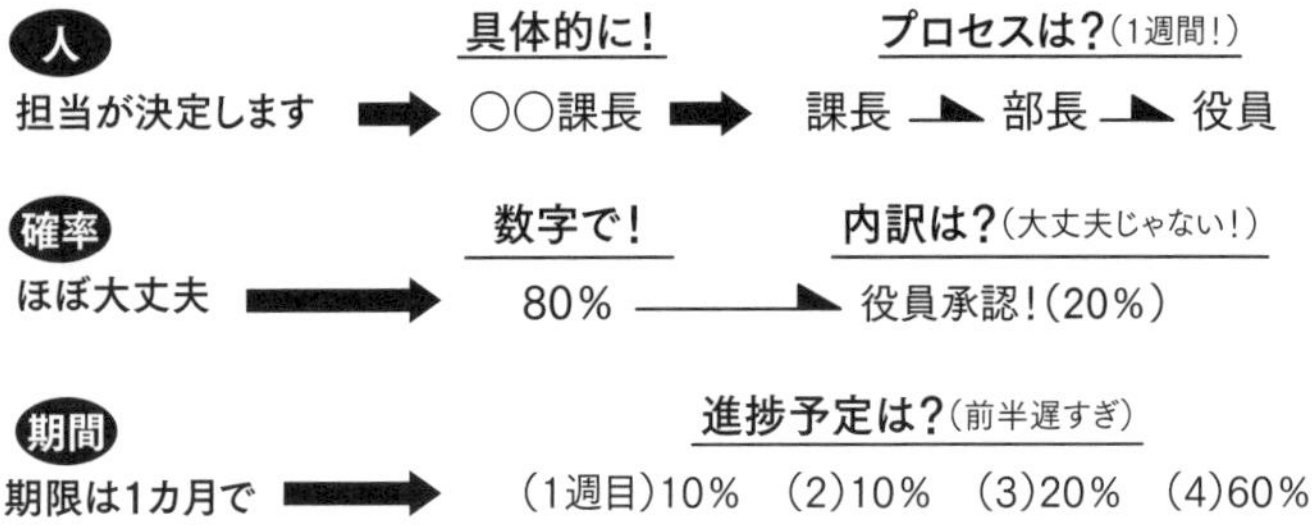
人
担当が決定します
具体的に!
○○課長
プロセスは?(1週間!)
課長
部長
役員
確率
ほぼ大丈夫
数字で!
80%
内訳は?(大丈夫じゃない!)
役員承認!(20%)
期間
期限は1カ月で
進捗予定は?(前半遅すぎ)
(1週目)10%　(2)10%　(3)20%　(4)60%

質問法

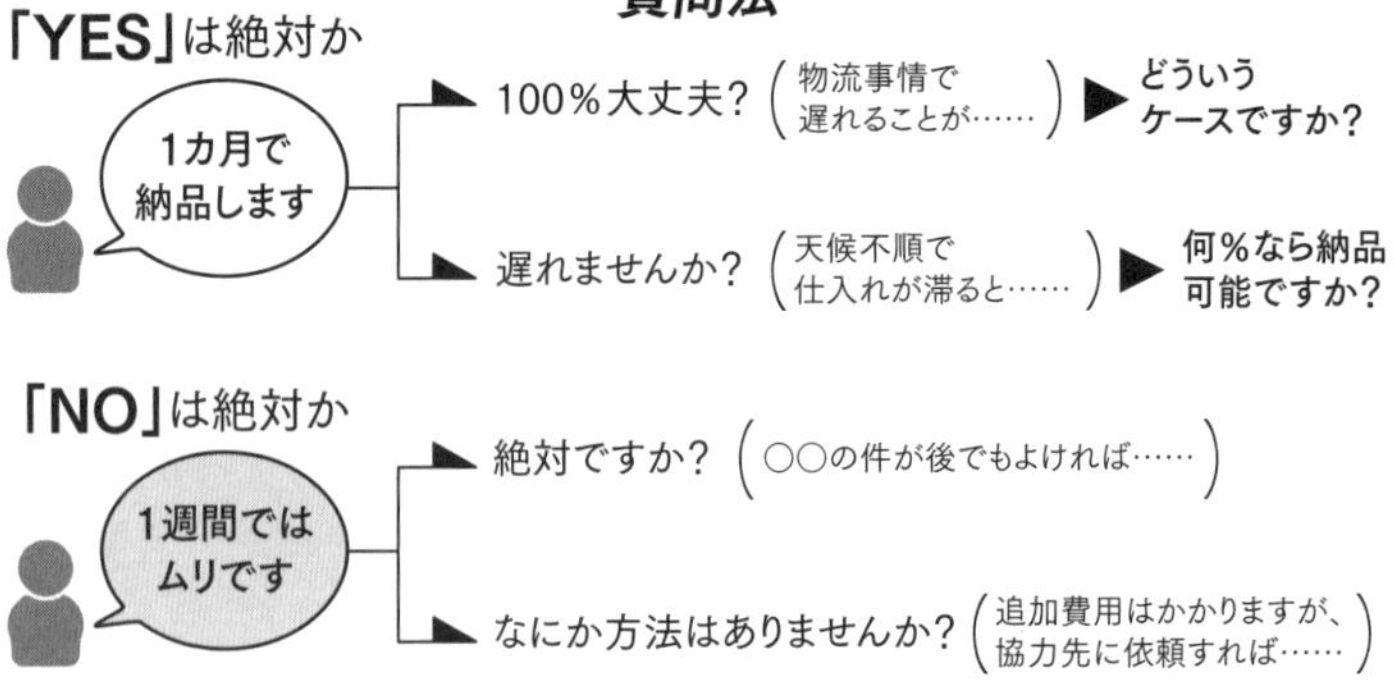
「YES」は絶対か
1カ月で納品します
100%大丈夫?
(物流事情で遅れることが……)
どういうケースですか?
遅れませんか?
(天候不順で仕入れが滞ると……)
何%なら納品可能ですか?
「NO」は絶対か
1週間ではムリです
絶対ですか?
(○○の件が後でもよければ……)
なにか方法はありませんか?
(追加費用はかかりますが、協力先に依頼すれば……)

【質問法】

質問は細かいところまで理解が一致するように丁寧に重ねて行います。とくに業界や地域、組織の体質によっても、言葉の意味することが変わったりします。

「100％？」「絶対NO？」「万が一」「すべての場合に」「例外的なケースは」など、起こる可能性のあるところまで掘り下げておくべきです。


【要注意8項目】

見逃してはいけない8つの姿勢・態度・言い訳をチェックします。


【不注意】
1．聞き逃し／よくやる人には会議で名指しで確認する
2．確認モレ／頻繁に起こるようならチェックシートをつくる

【無責任】
3．責任分担の不明確／役割と責任の分担がわかるように一覧にする。報告時期（定例ごと等）と報告者を明確にする。必要であれば、報告メールのCCにマネージャーを追加する
4．チェック者の不在／報告体制と報告時期を定める

【他人事】

5．他のパート無視／マネージャーが管理する、ヒアリング等で情報収集する

6．過剰なバッファ（ゆとり）／最短を目指す姿勢を示す、バッファは公開する

【自分勝手】

7．予定外な状況の放置／メンバー一人ひとりに「チームとしての責任」があることを、共通理念にまで高める。プロジェクト初期に注意して観察し、発見したら厳しく指摘する

8．リスクの見ないふり／リスクを洗い出し、割り当てる

図解や具体化、数字化はメモのレベルでよいので、面倒くさがらずにやりましょう。とくに新しいチームや取引先とのコミュニケーションには力を発揮します。

質問法はうまく使うと、リスク回避だけでなく取引のチャンスを広げます。8項目は文字どおり「要注意」でチェックしてください。神チェックを行えば、かなりの「抜けモレ」を防げます。活用してみてください。

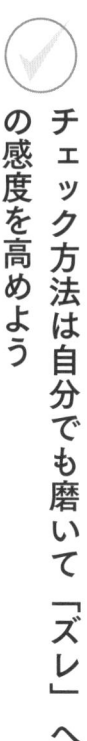

意思疎通に「100%」はない

注意深くコミュニケーションしていても理解の「ズレ」はなくならない

チェック方法は自分でも磨いて「ズレ」への感度を高めよう

精進していれば、「ズレ」へのアラート（警報）機能が身につくだろう

No.33

「＋10％」のプロジェクトマネジメント術

大きなプロジェクトを進めていると、いろいろな課題に出くわします。出店にあたって、

「本社の承認は取れるのか？」

「収支計画がちゃんと成り立つのか？」

「競合に勝ってプロジェクトを獲得できるのか？」

「関係団体の協力は得られるのか？」

などなど……

こういったときにプロジェクトマネージャーとして大事なのは、

「大丈夫、このプロジェクトは確実に獲れる！」

と言い切れることです。

チームのメンバーや社外のパートナー、会社のマネジメントや投資家に対して、絶対的な自信を持って説得できることがなにより重要です。

細かいデータを積み上げた上で、みんなが納得する資料で説明でき、そのとおりに計画を進めることができるなら強気な発言もしやすいです。

しかし、実際はそんな簡単なプロジェクトはありません。いろいろな不確定要素があり、理

屈の上で100%断言するのはなかなか難しいものです。

それでもプロジェクトマネージャーは「できるのか！」と言われたら、

「OF COURSE！」と答えるべきです。


「この案件で本社がOKしないようなら、本業をやめたほうがましだ！」

「この条件で収支が成り立たないのなら、他の案件でも出店は不可能だ！」

「傑出した提案内容、最適なパートナー、周到な根回し、これでウチを選ばなかったらどこを選ぶんだ！」

「この提案で地元団体が協力しないようなら、乗り込んで徹底的に話す。私が必ず協力を取り付ける！」


ムチャクチャなようですが、このような気迫のこもったパッション系の返答が必要なときがあります。なぜか？

仮にA（本社のOK）、B（収支計画）、C（競合との勝負）、D（関係団体の協力）をクリアする確率がそれぞれ70%だとすると、
70%×70%×70%×70%≒24%のプロジェクト成功率になります。
しかし、プロジェクトマネージャーの態度に自信が感じられず、メンバーに不安感を与える

ようだと、この確率は一気に下がります。みんなの気持ちが乗らず、効率が下がったり、ここ一番の踏ん張りが利かなかったりするからです。

数字の遊びのようですが、しのぎを削るビジネスの現場では、このようなことが実際に起こっているのが実感できます。**60%×60%×60%×60%≒13%、成功率はほぼ半分になってしまいます。**

多くの人がからんだビジネスでは、「熱意」「信念」「共感」といったものの占めるパーセンテージがとても大きいように感じます。

60%→70%の「+10%」をどうやって引き出すか。

プロジェクトマネージャーの力量が試されるところです。

▽+10%のつくり方

左に、これまで効果のあった「+10%」へのアクションと指針を列挙します。

【プレゼン力をアップする】

1. チーム内でプロジェクトのプレゼンをあらためてやってみる(良い点、悪い点を洗い直す)
2. 完成したプレゼンを上司や経営陣に見せる機会を設ける
3. 他部署や社外のパートナーに向けても発信の機会を持つ
4. プレゼンは毎回バージョンアップし、コメント、意見、アドバイスをもらう

5. プロジェクトメンバーの「顔」を見せることを意識する

【交渉力を磨く】

6. 交渉術についてのレクチャーを行う
7. 社内から得意な人を招いてコツを教えてもらう
8. レクチャーのなかに、実際に出てきそうな想定質問を入れ、回答を練っておく
9. プロジェクトにネガティブな人、反対者のもとに情報提供に赴く
10. 反対者に理解を促すとともに、意見を聴き、コミュニケーション量を増やす

【PRする】

11. 協力者、パートナーとの情報共有を密にし、どこからでも発信できるようにする
12. 社内向けにプロジェクト概要、進捗状況を盛り込んだレポートを作成する
13. レポートは話題性のあるつくりにし、ひとり歩きするようなものを目指す
14. レポートの質が悪いと、プロジェクトとチームの評判は下がる。質の高いものを目指す
15. 情報提供のための簡易リリース（ニュース）を作成する
16. リリースはすべての関係先に頻度高く提供する
17. 反対者、要求を出してきそうな関係先にも恐れずに情報提供を試みる
18. 通常は情報が入らない関係先、訪問を受けない相手ほど実は効果的である。念入りに行う

19．反対されること、要求を受けることの数を重ねて慣れる（良い意味でマヒする）
20．相手の議論から新鮮さを奪い、ダレたものにする（主張の切れ味を鈍らせる）

【キーパーソンを押さえる】

21．決定権者、オピニオンリーダーを特定し、説明の機会を得る
22．内容だけでなく、「顔」と「熱意」、顧客、関係者のポジティブな「声」を届ける
23．キーパーソンに近い人物にも十分な情報提供を行う

【世論を押さえる】

24．ここまでの活動でおおまかな「流れ」「感触」が摑めたら、情報を拡散する
25．地域や業界、公的組織などにも情報を提供し、より多くのニュースソースをつくる
26．リリースを公共の媒体にまで広げる
27．現地の声、過去の実績と顧客の声など、取り上げられやすいものを選抜する
28．イベント等をＰＲ向けに設定する方法もある
29．取り上げられたものは、各資料に素早く反映させる
30．ＰＲ活動は効果の高いタイミング、スケジュールを狙って行う

ここに挙げた30項目以外にも、新たに、または派生的にやれることがあったら、時間のある

限りあらゆる関係先に継続して実行していきましょう。

これらのアクションを広く行うことは、同時にライバルの動向をチェックすることにもつながります。やってみるとわかると思いますが、こういう作業を組織的に継続してやれているライバルはそれほど多くありません。

一つのアクションが0・5％の効果だったとしても20やれば10％になります。一つ0・1％だったとしても100やれば＋10％が達成できます。

難しいと思われているプロジェクトほど、「伸びしろ」は大きいものです。

プロジェクトのゴールまで休んでいるヒマはない

「＋あと1％」を常に追い求め、最後まで走り切ろう！

全感覚を研ぎ澄まして当たっていれば、やるべきことは見えてくる

強い思いと行動が仲間を惹きつける。まず自分が全力で動こう！

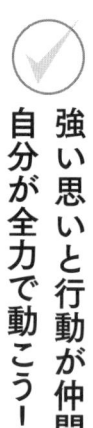

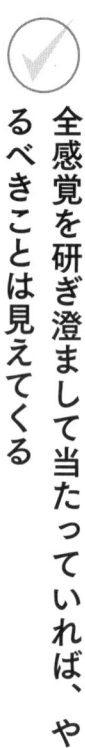

No.34

力のあるプロジェクトマネージャーは「60%×60%=36%」でGOを出す

プロジェクトの確度を検証するために情報を集めるとき、情報の質(情報の出所、精度)、量(網羅性、適合性)をチェックします。

もっとも効果的な行動を取るために、検討に深さと広さを求めるということです。とはいえ、良いプロジェクトほど競合も厳しくなるので、このチェックに時間をかけ過ぎると機会を逸することになります。

多くのプロジェクトマネージャーは、質・量ともに80%の完成度を目指し、全体で64%(80%×80%)の確信が持てたらGOサインを出しています。

残りの36%の部分は、課題への対応力、問題解決能力によって乗り切るわけです。

しかし、力のあるプロジェクトマネージャーはもっと早く動き始めます。

もっとも重要な36%(60%×60%)を確信した時点でプロジェクトをスタートし、経験と勘と度胸で、残りの64%をコントロールします。

人に先んじて決断することで、希少な機会をものにしているのです。

ファンド会社トップのスコットランド人は、「36%GO、64%コントロール」の判断が抜群にできる人でした。資金調達が簡単ではなかった時期に、普通ではとても決断できないステー

最重要な36%に集中する

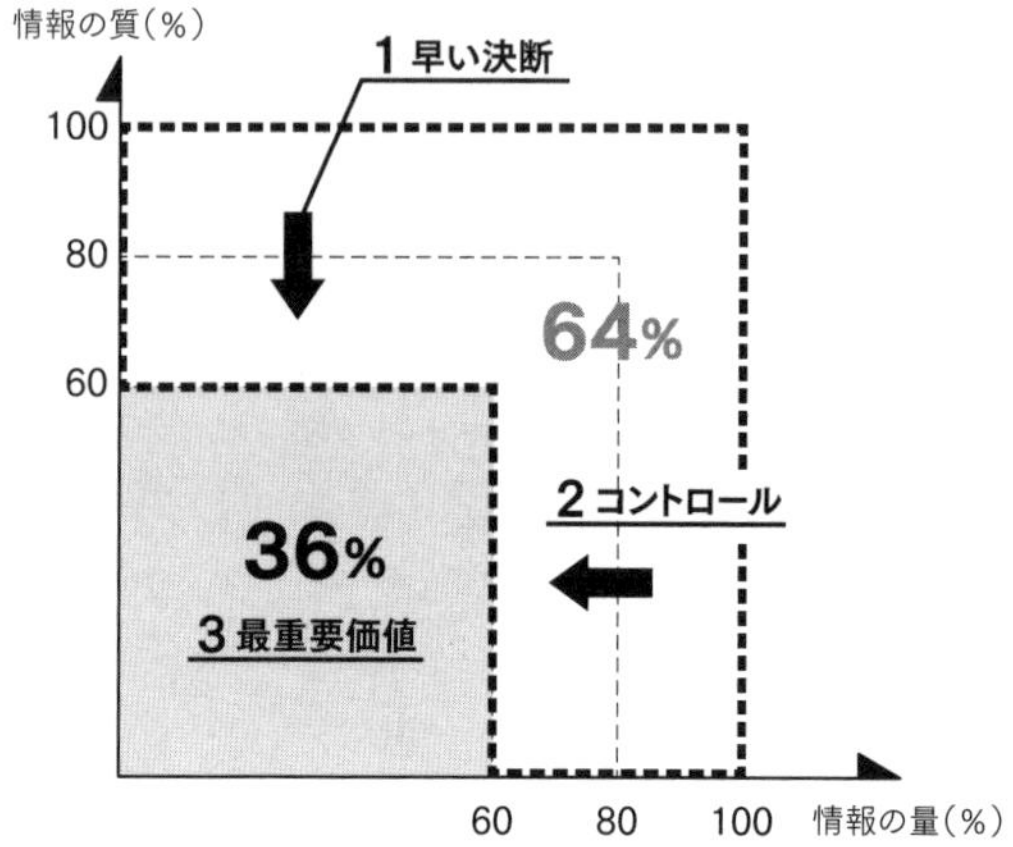

情報の質(%)
1 早い決断
100
80
60
64%
2 コントロール
36%
3 最重要価値
60
80
100
情報の量(%)

ジで、投資家から多額の資金調達を実行させていました。

当時の環境では、「資金を得ること」が最重要な36%だとわかっていたのです。

実際、調達した資金の行先である不動産の購入(64%)がなかなかうまくいかず、眠れなかった夜もあったらしいですが、最後には帳尻を合わせ、巨額のファンド事業を立ち上げてしまいました。

彼や他のファンドのトップを見ていて、こうしたコントロールに長けたプロジェクトマネージャーの気質には、一定の傾向があることに気づきました。

1. **ある種のスピード狂**です。勝負どころは決して逃さず、他に先んじた決断をくだす能力があります。

2. **種々雑多な人間と広く付き合えます。**怪しげなブローカーとも交友を簡単には断ちません。玉石混淆の情報のなかから、コントロールすべきリスクを嗅ぎ分ける力があります。

3．**興味のあるものしか見ません。**投資案件の最重要な価値のある部分を見極めることに集中しています。

36％とか、64％などはすべて「感覚値」です。こういう話をすると、数字に強いアナリストは、「根拠は？」と鋭く詰め寄ってきます。

しかし、トップを張る人間は、数字は大枠のものがわかればよく、あとは感覚で判断することが多いようです。数字で表せないもののブレが、事業の行方を大きく左右することをわかっているからです。

この視点はプロジェクトを決定権者に説明するときに応用できます。

- プロジェクトの検証が質・量の点でどの程度進んでいるのか
- 残りの部分をどのようなスケジュールでつぶしていくのか
- 起こりうる課題はどのようなもので、どう対応していくのか
- スピードと確度から考えて、いつスタートするのがベストなのか

以上の点を押さえて話すことでプロジェクト確度への説得力がぐっと高まります。

決定を左右する「36%」を見極めよう

- 決定権者を動かす決め手は、64%の内側の「36%」に詰まっている
- 最重要価値とリスクコントロールを押さえれば大ブレはなくなる
- あとはいかにライバルより「素早く判断」できるかが勝負だ

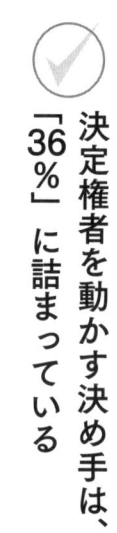

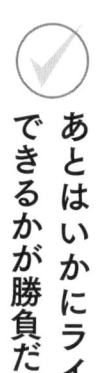

おわりに

たくさんの人を動かす言葉があります。

「I have a dream.」（キング牧師）
「Yes We Can!」（バラク・オバマ）
「こけたら、立ちなはれ」（松下幸之助）
「自民党をぶっ壊す」（小泉純一郎）

こうした言葉が力を持つのは、みな「現場」から生まれた言葉であり、そのなかで湧き出た、「何かを変えたい」という強い意志が込められているからです。

「だれよりも現場を歩いて回ること」

カルフール入社当時、これだけは徹底しようと決めたことです。
上司のフランス人との会話は覚えたての短い英語フレーズと手書きのスケッチだけでした。

それでも必要な主張を通せたのは、現場を十分に把握し、議論になるポイントを体感していたからです。

経験不足を補うため、現場で課題にぶつかるたびに、技術を培ってきました。

皆さんも、ビジネスで大きな役割を任されたり、ときに困難な状況に陥ることもあると思います。そんな時に、本書でご紹介した「言葉の技術」が、一つでもお役に立てば幸いです。

何かを変えるのは、プロジェクトを成功させたいと願う、あなたの意志であり言葉です。

「Trust yourself 100%.」

いつかご一緒にプロジェクトに関われることを楽しみにしています。

２０１８年７月

本谷浩一郎

本谷 浩一郎
Motoya Koichiro

1963年、大阪府生まれ。関西学院大学経済学部卒。

プロジェクス株式会社代表取締役。プロジェクト推進アドバイザー、不動産鑑定士。

近鉄不動産株式会社、カルフール・ジャパン株式会社、AMBブラックパイン、レッドウッドグループ、セキュアード・キャピタル・ジャパン株式会社などを経て独立。

国内での開発プロジェクトは10カ所、総額600億円、ファンドでの運用総額は5000億円を超える。TOEIC490点でのカルフール・ジャパン入社に始まり、フランス人、スコットランド人、アメリカ人のトップの下で数々の事業立ち上げに成功。国籍、文化、年代をまたいだチームマネジメントをこなすなかで、プレゼン、会議、交渉、発想法など日々起こる課題に応じたビジネス技術を開発した。十分な経験と高度な技術を持ったマネージャーが、強いリーダーシップを発揮する「プロジェクト最速化システム」を広めることを現在の主業務としている。20年間ストップしていた大阪府茨木市の駅前再開発（建て替え）事業では、土地所有者133人の多くが不動産の素人、高齢者であるなか、3カ月で93％の同意を取り付けた。現在、総額300億円規模の開発事業を進行させている。

プロジェクス株式会社　http://www.projex.co.jp/

フランスの悪魔に学んだ3秒仕事術

2018年8月25日　第1刷発行

著　者　本谷浩一郎
発行者　見城 徹

発行所　株式会社 幻冬舎
〒151-0051　東京都渋谷区千駄ヶ谷4-9-7
電話　03(5411)6211(編集)
03(5411)6222(営業)
振替　00120-8-767643
印刷・製本所　図書印刷株式会社

検印廃止

万一、落丁乱丁のある場合は送料小社負担でお取替致します。小社宛にお送り下さい。本書の一部あるいは全部を無断で複写複製することは、法律で認められた場合を除き、著作権の侵害となります。定価はカバーに表示してあります。

© KOICHIRO MOTOYA, GENTOSHA 2018
Printed in Japan
ISBN978-4-344-03342-9　C0095
幻冬舎ホームページアドレス　http://www.gentosha.co.jp/

この本に関するご意見・ご感想をメールでお寄せいただく場合は、
comment@gentosha.co.jpまで。